Romanian Verb Conjugator

The most common verbs fully conjugated

∝ FLUO: LANGUAGES

**Romanian Verb Conjugator:
The most common verbs fully conjugated**

by Aurel Dumitrescu

Copyright © 2018, Aurel Dumitrescu. All rights reserved.
Edited and published by Fluo:Languages.

First Edition: April 2018

While the publisher and the authors have used good faith efforts to ensure that the information and instructions contained in this work are accurate, the publisher and the authors disclaim all responsibility for errors or omissions, including without limitation responsibility for damages resulting from the use of or reliance on this work. Use of the information and instructions contained in this work is at your own risk.

No part of this book may be reproduced or utilized in any form or by any means, electronic or mechanical, including photocopying, recording, or by any information storage and retrieval system, without permission in writing from the author.

Contents

Abbreviations	1
Verb Conjugation	3
abandona	3
absolvi	3
absorbi	3
accelera	3
accepta	4
acoperi	4
activa	4
acuza	4
ademeni	4
admira	5
adopta	5
adora	5
adormi	5
aduce	6
adulmeca	6
aduna	6
afla	6
ajunge	6
ajuta	7
alege	7
alerga	7
alina	7
aluneca	7
alunga	8
amesteca	8
aminti	8
amuza	8
angaja	8
anihila	9
anula	9
aplauda	9
apleca	9
aplica	10
aprinde	10
apropia	10
apuca	10
apune	10
arde	11
arunca	11
asculta	11
ascunde	11
asigura	11
aștepta	12
ataca	12
atinge	12
atrage	12
auzi	13
avansa	13
avea	13
bara	13
bate	13
baza	14
bea	14
blestema	14
bloca	14
boteza	14
bucura	15
calma	15
capsula	15
căra	15
celebra	16
cerceta	16
cere	16
certa	16

Contents

cheltui	16	dansa	26
chema	17	datora	26
chinui	17	decide	26
cina	17	declara	27
ciocni	17	deduce	27
circula	17	deplasa	27
citi	18	depune	27
clarifica	18	deranja	27
coace	18	deschide	28
coase	18	descompune	28
comanda	18	descoperi	28
combate	19	descrie	28
combina	19	descurca	29
compara	19	desena	29
compensa	19	desface	29
completa	20	desprinde	29
complica	20	deveni	30
comporta	20	dezgropa	30
compune	20	dezlega	30
comunica	21	dezvolta	30
concepe	21	dicta	31
conduce	21	diminua	31
confrunta	21	dirija	31
confunda	22	discuta	31
consta	22	dispune	31
construi	22	distinge	32
contrazice	22	distra	32
controla	23	distrage	32
conveni	23	distruge	32
convinge	23	dizolva	33
coopera	23	domina	33
copia	24	dona	33
corecta	24	dori	33
corupe	24	dormi	33
crea	24	dovedi	34
crede	24	drege	34
cuceri	25	dubla	34
culca	25	durea	34
culege	25	echilibra	34
cunoaşte	25	elibera	35
cuprinde	25	elimina	35
curge	26	estima	35

evolua	35	injecta	44
exagera	36	insista	44
excita	36	insulta	45
exista	36	intensifica	45
explica	36	interesa	45
extinde	36	interveni	45
extrage	37	interzice	46
ezita	37	intra	46
face	37	introduce	46
feri	37	inunda	46
fi	37	invada	46
fierbe	38	inventa	47
fixa	38	invita	47
fluiera	38	irita	47
flutura	38	ispiti	47
folosi	38	iubi	47
fractura	39	jena	48
frauda	39	jigni	48
freca	39	juca	48
frige	39	judeca	48
fugi	39	jupui	49
fuma	40	jura	49
fura	40	lansa	49
furnica	40	lăsa	49
fute	40	lega	49
gaza	41	libera	50
geme	41	limpezi	50
ghici	41	linge	50
ghida	41	lipi	50
glumi	41	lipsi	50
goli	42	locui	51
gusta	42	lovi	51
guverna	42	lua	51
holba	42	lucra	51
ieftini	43	lungi	51
ierta	43	lupta	52
ignora	43	masturba	52
imagina	43	mânca	52
implica	43	merge	52
imprima	44	merita	52
impune	44	mira	53
induce	44	mirosi	53

Contents

modifica	53	prelungi	62
munci	53	prescrie	62
muri	54	presupune	63
muta	54	pretinde	63
nebuni	54	preveni	63
nega	54	prezice	63
nimeri	54	pricepe	63
nimici	55	prinde	64
ninge	55	proba	64
numi	55	produce	64
obliga	55	propune	64
obosi	56	prosti	65
observa	56	proteja	65
ochi	56	pupa	65
ocupa	56	purifica	65
odihni	56	purta	65
onora	57	putea	66
opri	57	putrezi	66
orbi	57	rade	66
ordona	57	recupera	66
parca	58	reduce	67
pasa	58	refuza	67
pedepsi	58	regla	67
petrece	58	regula	67
pica	58	relua	67
picta	59	repeta	68
pierde	59	repezi	68
pieri	59	replica	68
piersica	59	rescrie	68
pilota	59	respira	68
pisa	60	retrage	69
planta	60	returna	69
pleca	60	revedea	69
plictisi	60	rezista	69
plimba	60	rezolva	69
ploua	61	ridica	70
pluti	61	risca	70
pocni	61	risipi	70
porni	61	roade	70
porunci	61	robi	70
potrivi	62	rosti	71
prefera	62	roti	71

ruga	71	strica	80
ruina	71	striga	80
rula	71	stropi	80
rupe	72	studia	81
sacrifica	72	sufla	81
saluta	72	sufoca	81
salva	72	sui	81
satisface	73	suna	81
schimba	73	supraveghea	81
scoate	73	supune	82
scrie	73	surprinde	82
scufunda	73	teme	82
scuipa	74	tenta	83
scula	74	termina	83
scumpi	74	tinde	83
scurge	74	toarce	83
scurta	75	topi	83
scutura	75	traduce	83
scuza	75	trage	84
seduce	75	transforma	84
semna	75	transpira	84
separa	76	trata	84
servi	76	traversa	85
simplifica	76	trăi	85
sinucide	76	trebui	85
sluji	76	trece	85
smulge	77	tremura	85
sosi	77	trezi	86
sparge	77	trimite	86
spera	77	tulbura	86
speria	77	tunde	86
spori	78	turna	86
spulbera	78	ucide	87
spuma	78	uimi	87
spune	78	uita	87
sta	78	umbla	87
stabili	79	umfla	88
stima	79	umili	88
stimula	79	umple	88
stinge	79	unge	88
stoarce	80	uni	88
strecura	80	urca	89

Contents

urla	89	visa	91
urma	89	vizita	91
usca	89	vomita	91
utiliza	89	vopsi	91
vedea	90	vorbi	92
veghea	90	vrea	92
venera	90	zbate	92
veni	90	zbura	92
vinde	90	zdrobi	93
vindeca	91	zice	93

Abbreviations

ind	Indicative
sub	Subjunctive
imp	Imperative
inf	Infinitive
ger	Gerund
pp	Past Participle
pre	Present
imp	Imperfect
prt	Preterite
plu	Pluperfect
fut	Future

A

abandona /abandon, renounce/ • **ind** *pre* abandonez, abandonezi, abandonează, abandonăm, abandonați, abandonează *imp* abandonam, abandonai, abandona, abandonam, abandonați, abandonau *prt* abandonai, abandonași, abandonă, abandonarăm, abandonarăți, abandonară *plu* abandonasem, abandonaseși, abandonase, abandonaserăm, abandonaserăți, abandonaseră • **sub** *pre* să abandonez, să abandonezi, să abandoneze, să abandonăm, să abandonați, să abandoneze • **imp** *aff* -, abandonează, -, -, abandonați, - *neg* -, nu abandona, -, -, nu abandonați, - • **inf** a abandona • **ger** abandonând • **pp** abandonat

absolvi /absolve, graduate/ • **ind** *pre* absolv, absolvi, absolvă, absolvim, absolviți, absolvă *imp* absolveam, absolveai, absolvea, absolveam, absolveați, absolveau *prt* absolvii, absolviși, absolvi, absolvirăm, absolvirăți, absolviră *plu* absolvisem, absolviseși, absolvise, absolviserăm, absolviserăți, absolviseră • **sub** *pre* să absolv, să absolvi, să absolve, să absolvim, să absolviți, să absolve • **imp** *aff* -, absolvă, -, -, absolviți, - *neg* -, nu absolvi, -, -, nu absolviți, - • **inf** a absolvi • **ger** absolvind • **pp** absolvit

absorbi /absorb/ • **ind** *pre* absorb, absorbi, absoarbe, absorbim, absorbiți, absorb *imp* absorbeam, absorbeai, absorbea, absorbeam, absorbeați, absorbeau *prt* absorbii, absorbiși, absorbi, absorbirăm, absorbirăți, absorbiră *plu* absorbisem, absorbiseși, absorbise, absorbiserăm, absorbiserăți, absorbiseră • **sub** *pre* să absorb, să absorbi, să absoarbă, să absorbim, să absorbiți, să absoarbă • **imp** *aff* -, absoarbe, -, -, absorbiți, - *neg* -, nu absorbi, -, -, nu absorbiți, - • **inf** a absorbi • **ger** absorbind • **pp** absorbit

accelera /accelerate, hurry up/ • **ind** *pre* accelerez, accelerezi, accelerează, accelerăm, accelerați, accelerează *imp* acceleram, accelerai, accelera, acceleram, accelerați, accelerau *prt* accelerai, accelerași, acceleră, accelerarăm, accelerarăți, accelerară *plu* accelerasem, acceleraseși, accelerase, accelerale-serăm, acceleraserăți, acceleraseră • **sub** *pre* să accelerez, să accelerezi, să accelereze, să accelerăm, să accelerați, să accelereze • **imp** _aff_ -, accelerează, -, -, accelerați, - _neg_ -, nu accelera, -, -, nu accelerați, - • **inf** a accelera • **ger** accelerând • **pp** accelerat

accepta /accept/ • **ind** _pre_ accept, accepți, acceptă, acceptăm, acceptați, acceptă _imp_ acceptam, acceptai, accepta, acceptam, acceptați, acceptau _prt_ acceptai, acceptași, acceptă, acceptarăm, acceptarăți, acceptară _plu_ acceptasem, acceptaseși, acceptase, acceptaserăm, acceptaserăți, acceptaseră • **sub** _pre_ să accept, să accepți, să accepte, să acceptăm, să acceptați, să accepte • **imp** _aff_ -, acceptă, -, -, acceptați, - _neg_ -, nu accepta, -, -, nu acceptați, - • **inf** a accepta • **ger** acceptând • **pp** acceptat

acoperi /cover, shield/ • **ind** _pre_ acopăr, acoperi, acoperă, acoperim, acoperiți, acoperă _imp_ acopeream, acopereai, acoperea, acopeream, acopereați, acopereau _prt_ acoperii, acoperiși, acoperi, acoperirăm, acoperirăți, acoperiră _plu_ acoperisem, acoperiseși, acoperise, acoperiserăm, acoperiserăți, acoperiseră • **sub** _pre_ să acopăr, să acoperi, să acopere, să acoperim, să acoperiți, să acopere • **imp** _aff_ -, acoperă, -, -, acoperiți, - _neg_ -, nu acoperi, -, -, nu acoperiți, - • **inf** a acoperi • **ger** acoperind • **pp** acoperit

activa /activate, enable/ • **ind** _pre_ activez, activezi, activează, activăm, activați, activează _imp_ activam, activai, activa, activam, activați, activau _prt_ activai, activași, activă, activarăm, activarăți, activară _plu_ activasem, activaseși, activase, activaserăm, activaserăți, activaseră • **sub** _pre_ să activez, să activezi, să activeze, să activăm, să activați, să activeze • **imp** _aff_ -, activează, -, -, activați, - _neg_ -, nu activa, -, -, nu activați, - • **inf** a activa • **ger** activând • **pp** activat

acuza /accuse/ • **ind** _pre_ acuz, acuzi, acuză, acuzăm, acuzați, acuză _imp_ acuzam, acuzai, acuza, acuzam, acuzați, acuzau _prt_ acuzai, acuzași, acuză, acuzarăm, acuzarăți, acuzară _plu_ acuzasem, acuzaseși, acuzase, acuzaserăm, acuzaserăți, acuzaseră • **sub** _pre_ să acuz, să acuzi, să acuze, să acuzăm, să acuzați, să acuze • **imp** _aff_ -, acuză, -, -, acuzați, - _neg_ -, nu acuza, -, -, nu acuzați, - • **inf** a acuza • **ger** acuzând • **pp** acuzat

ademeni /seduce, tempt/ • **ind** _pre_ ademenesc, ademenești, ademenește, ademenim, ademeniți, ademenesc *imp* ademeneam, ademeneai, ademenea, ademeneam, ademeneați, ademeneau *prt* ademenii, ademeniși, ademeni, ademenirăm, ademenirăți, ademeniră *plu* ademenisem, ademeniseși, ademenise, ademeniserăm, ademeniserăți, ademeniseră • sub *pre* să ademenesc, să ademenești, să ademenească, să ademenim, să ademeniți, să ademenească • imp *aff* -, ademenește, -, -, ademeniți, - *neg* -, nu ademeni, -, -, nu ademeniți, - • inf a ademeni • ger ademenind • pp ademenit

admira /admire/ • ind *pre* admir, admiri, admiră, admirăm, admirați, admiră *imp* admiram, admirai, admira, admiram, admirați, admirau *prt* admirai, admirași, admiră, admirarăm, admirarăți, admirară *plu* admirasem, admiraseși, admirase, admiraserăm, admiraserăți, admiraseră • sub *pre* să admir, să admiri, să admire, să admirăm, să admirați, să admire • imp *aff* -, admiră, -, -, admirați, - *neg* -, nu admira, -, -, nu admirați, - • inf a admira • ger admirând • pp admirat

adopta /adopt/ • ind *pre* adopt, adopți, adoptă, adoptăm, adoptați, adoptă *imp* adoptam, adoptai, adopta, adoptam, adoptați, adoptau *prt* adoptai, adoptași, adoptă, adoptarăm, adoptarăți, adoptară *plu* adoptasem, adoptaseși, adoptase, adoptaserăm, adoptaserăți, adoptaseră • sub *pre* să adopt, să adopți, să adopte, să adoptăm, să adoptați, să adopte • imp *aff* -, adoptă, -, -, adoptați, - *neg* -, nu adopta, -, -, nu adoptați, - • inf a adopta • ger adoptând • pp adoptat

adora /love, adore/ • ind *pre* ador, adori, adoră, adorăm, adorați, adoră *imp* adoram, adorai, adora, adoram, adorați, adorau *prt* adorai, adorași, adoră, adorarăm, adorarăți, adorară *plu* adorasem, adoraseși, adorase, adoraserăm, adoraserăți, adoraseră • sub *pre* să ador, să adori, să adore, să adorăm, să adorați, să adore • imp *aff* -, adoră, -, -, adorați, - *neg* -, nu adora, -, -, nu adorați, - • inf a adora • ger adorând • pp adorat

adormi /fall asleep, lull/ • ind *pre* adorm, adormi, adoarme, adormim, adormiți, adorm *imp* adormeam, adormeai, adormea, adormeam, adormeați, adormeau *prt* adormii, adormiși, adormi, adormirăm, adormirăți, adormiră *plu* adormisem, adormiseși, adormise, adormiserăm, adormiserăți, adormiseră • sub *pre* să adorm, să adormi, să adoarmă, să adormim, să adormiți, să adoarmă • imp *aff* -, adoarme, -, -, adormiți, - *neg* -, nu adormi, -,

-, nu adormiți, - • **inf** a adormi • **ger** adormind • **pp** adormit

aduce /bring/ • **ind** *pre* aduc, aduci, aduce, aducem, aduceți, aduc *imp* aduceam, aduceai, aducea, aduceam, aduceați, aduceau *prt* adusei, aduseși, aduse, aduserăm, aduserăți, aduseră *plu* adusesem, aduseseși, adusese, aduseserăm, aduseserăți, aduseseră • **sub** *pre* să aduc, să aduci, să aducă, să aducem, să aduceți, să aducă • **imp** *aff* -, adu, -, -, aduceți, - *neg* -, nu aduce, -, -, nu aduceți, - • **inf** a aduce • **ger** aducând • **pp** adus

adulmeca /sniff, scent/ • **ind** *pre* adulmec, adulmeci, adulmecă, adulmecăm, adulmecați, adulmecă *imp* adulmecam, adulmecai, adulmeca, adulmecam, adulmecați, adulmecau *prt* adulmecai, adulmecași, adulmecă, adulmecarăm, adulmecarăți, adulmecară *plu* adulmecasem, adulmecaseși, adulmecase, adulmecaserăm, adulmecaserăți, adulmecaseră • **sub** *pre* să adulmec, să adulmeci, să adulmece, să adulmecăm, să adulmecați, să adulmece • **imp** *aff* -, adulmecă, -, -, adulmecați, - *neg* -, nu adulmeca, -, -, nu adulmecați, - • **inf** a adulmeca • **ger** adulmecând • **pp** adulmecat

aduna /gather, collect/ • **ind** *pre* adun, aduni, adună, adunăm, adunați, adună *imp* adunam, adunai, aduna, adunam, adunați, adunau *prt* adunai, adunași, adună, adunarăm, adunarăți, adunară *plu* adunasem, adunaseși, adunase, adunaserăm, adunaserăți, adunaseră • **sub** *pre* să adun, să aduni, să adune, să adunăm, să adunați, să adune • **imp** *aff* -, adună, -, -, adunați, - *neg* -, nu aduna, -, -, nu adunați, - • **inf** a aduna • **ger** adunând • **pp** adunat

afla /find out, get wind of/ • **ind** *pre* aflu, afli, află, aflăm, aflați, află *imp* aflam, aflai, afla, aflam, aflați, aflau *prt* aflai, aflași, află, aflarăm, aflarăți, aflară *plu* aflasem, aflaseși, aflase, aflaserăm, aflaserăți, aflaseră • **sub** *pre* să aflu, să afli, să afle, să aflăm, să aflați, să afle • **imp** *aff* -, află, -, -, aflați, - *neg* -, nu afla, -, -, nu aflați, - • **inf** a afla • **ger** aflând • **pp** aflat

ajunge /overtake, catch up/ • **ind** *pre* ajung, ajungi, ajunge, ajungem, ajungeți, ajung *imp* ajungeam, ajungeai, ajungea, ajungeam, ajungeați, ajungeau *prt* ajunsei, ajunseși, ajunse, ajunserăm, ajunserăți, ajunseră *plu* ajunsesem, ajunseseși, ajunsese, ajunseserăm, ajunseserăți, ajunseseră • **sub** *pre* să ajung, să ajungi, să ajungă, să ajungem, să ajungeți, să ajungă • **imp** _aff_ -, ajunge, -, -, ajungeți, - _neg_ -, nu ajunge, -, -, nu ajungeți, - • **inf** a ajunge • **ger** ajungând • **pp** ajuns

ajuta /help, contribute/ • **ind** _pre_ ajut, ajuți, ajută, ajutăm, ajutați, ajută _imp_ ajutam, ajutai, ajuta, ajutam, ajutați, ajutau _prt_ ajutai, ajutași, ajută, ajutarăm, ajutarăți, ajutară _plu_ ajutasem, ajutaseși, ajutase, ajutaserăm, ajutaserăți, ajutaseră • **sub** _pre_ să ajut, să ajuți, să ajute, să ajutăm, să ajutați, să ajute • **imp** _aff_ -, ajută, -, -, ajutați, - _neg_ -, nu ajuta, -, -, nu ajutați, - • **inf** a ajuta • **ger** ajutând • **pp** ajutat

alege /choose, select/ • **ind** _pre_ aleg, alegi, alege, alegem, alegeți, aleg _imp_ alegeam, alegeai, alegea, alegeam, alegeați, alegeau _prt_ alesei, aleseși, alese, aleserăm, aleserăți, aleseră _plu_ alesesem, aleseseși, alesese, aleseserăm, aleseserăți, aleseseră • **sub** _pre_ să aleg, să alegi, să aleagă, să alegem, să alegeți, să aleagă • **imp** _aff_ -, alege, -, -, alegeți, - _neg_ -, nu alege, -, -, nu alegeți, - • **inf** a alege • **ger** alegând • **pp** ales

alerga /run/ • **ind** _pre_ alerg, alergi, aleargă, alergăm, alergați, aleargă _imp_ alergam, alergai, alerga, alergam, alergați, alergau _prt_ alergai, alergași, alergă, alergarăm, alergarăți, alergară _plu_ alergasem, alergaseși, alergase, alergaserăm, alergaserăți, alergaseră • **sub** _pre_ să alerg, să alergi, să alerge, să alergăm, să alergați, să alerge • **imp** _aff_ -, aleargă, -, -, alergați, - _neg_ -, nu alerga, -, -, nu alergați, - • **inf** a alerga • **ger** alergând • **pp** alergat

alina /allay, ease/ • **ind** _pre_ alin, alini, alină, alinăm, alinați, alină _imp_ alinam, alinai, alina, alinam, alinați, alinau _prt_ alinai, alinași, alină, alinarăm, alinarăți, alinară _plu_ alinasem, alinaseși, alinase, alinaserăm, alinaserăți, alinaseră • **sub** _pre_ să alin, să alini, să aline, să alinăm, să alinați, să aline • **imp** _aff_ -, alină, -, -, alinați, - _neg_ -, nu alina, -, -, nu alinați, - • **inf** a alina • **ger** alinând • **pp** alinat

aluneca /slip, slide/ • **ind** _pre_ alunec, aluneci, alunecă, alunecăm, alunecați, alunecă _imp_ alunecam, alunecai, aluneca, alunecam, alunecați, alunecau _prt_ alunecai, alunecași, alunecă, alunecarăm, alunecarăți, alunecară _plu_ alunecasem, alunecaseși, alunecase, alunecaserăm, alunecaserăți, alunecaseră • **sub** _pre_ să alunec, să aluneci, să alunece, să alunecăm, să alunecați,

alunga

să alunece • **imp** *aff* -, alunecă, -, -, alunecaţi, - *neg* -, nu aluneca, -, -, nu alunecaţi, - • **inf** a aluneca • **ger** alunecând • **pp** alunecat

alunga /banish, expel/ • **ind** *pre* alung, alungi, alungă, alungăm, alungaţi, alungă *imp* alungam, alungai, alunga, alungam, alungaţi, alungau *prt* alungai, alungaşi, alungă, alungarăm, alungarăţi, alungară *plu* alungasem, alungaseşi, alungase, alungaserăm, alungaserăţi, alungaseră • **sub** *pre* să alung, să alungi, să alunge, să alungăm, să alungaţi, să alunge • **imp** *aff* -, alungă, -, -, alungaţi, - *neg* -, nu alunga, -, -, nu alungaţi, - • **inf** a alunga • **ger** alungând • **pp** alungat

amesteca /mix, mix up/ • **ind** *pre* amestec, amesteci, amestecă, amestecăm, amestecaţi, amestecă *imp* amestecam, amestecai, amesteca, amestecam, amestecaţi, amestecau *prt* amestecai, amestecaşi, amestecă, amestecarăm, amestecarăţi, amestecară *plu* amestecasem, amestecaseşi, amestecase, amestecaserăm, amestecaserăţi, amestecaseră • **sub** *pre* să amestec, să amesteci, să amestece, să amestecăm, să amestecaţi, să amestece • **imp** *aff* -, amestecă, -, -, amestecaţi, - *neg* -, nu amesteca, -, -, nu amestecaţi, - • **inf** a amesteca • **ger** amestecând • **pp** amestecat

aminti /remind, recall/ • **ind** *pre* amintesc, aminteşti, aminteşte, amintim, amintiţi, amintesc *imp* aminteam, aminteai, amintea, aminteam, aminteaţi, aminteau *prt* amintii, amintişi, aminti, amintirăm, amintirăţi, amintiră *plu* amintisem, amintiseşi, amintise, amintiserăm, amintiserăţi, amintiseră • **sub** *pre* să amintesc, să aminteşti, să amintească, să amintim, să amintiţi, să amintească • **imp** *aff* -, aminteşte, -, -, amintiţi, - *neg* -, nu aminti, -, -, nu amintiţi, - • **inf** a aminti • **ger** amintind • **pp** amintit

amuza /amuse, entertain/ • **ind** *pre* amuz, amuzi, amuză, amuzăm, amuzaţi, amuză *imp* amuzam, amuzai, amuza, amuzam, amuzaţi, amuzau *prt* amuzai, amuzaşi, amuză, amuzarăm, amuzarăţi, amuzară *plu* amuzasem, amuzaseşi, amuzase, amuzaserăm, amuzaserăţi, amuzaseră • **sub** *pre* să amuz, să amuzi, să amuze, să amuzăm, să amuzaţi, să amuze • **imp** *aff* -, amuză, -, -, amuzaţi, - *neg* -, nu amuza, -, -, nu amuzaţi, - • **inf** a amuza • **ger** amuzând • **pp** amuzat

angaja /employ, hire/ • **ind** _pre_ angajez, angajezi, angajează, angajăm, angajați, angajează _imp_ angajam, angajai, angaja, angajam, angajați, angajau _prt_ angajai, angajași, angajă, angajarăm, angajarăți, angajară _plu_ angajasem, angajaseși, angajase, angajaserăm, angajaserăți, angajaseră • **sub** _pre_ să angajez, să angajezi, să angajeze, să angajăm, să angajați, să angajeze • **imp** _aff_ -, angajează, -, -, angajați, - _neg_ -, nu angaja, -, -, nu angajați, - • **inf** a angaja • **ger** angajând • **pp** angajat

anihila /annihilate/ • **ind** _pre_ anihilez, anihilezi, anihilează, anihilăm, anihilați, anihilează _imp_ anihilam, anihilai, anihila, anihilam, anihilați, anihilau _prt_ anihilai, anihilași, anihilă, anihilarăm, anihilarăți, anihilară _plu_ anihilasem, anihilaseși, anihilase, anihilaserăm, anihilaserăți, anihilaseră • **sub** _pre_ să anihilez, să anihilezi, să anihileze, să anihilăm, să anihilați, să anihileze • **imp** _aff_ -, anihilează, -, -, anihilați, - _neg_ -, nu anihila, -, -, nu anihilați, - • **inf** a anihila • **ger** anihilând • **pp** anihilat

anula /cancel, annul/ • **ind** _pre_ anulez, anulezi, anulează, anulăm, anulați, anulează _imp_ anulam, anulai, anula, anulam, anulați, anulau _prt_ anulai, anulași, anulă, anularăm, anularăți, anulară _plu_ anulasem, anulaseși, anulase, anulaserăm, anulaserăți, anulaseră • **sub** _pre_ să anulez, să anulezi, să anuleze, să anulăm, să anulați, să anuleze • **imp** _aff_ -, anulează, -, -, anulați, - _neg_ -, nu anula, -, -, nu anulați, - • **inf** a anula • **ger** anulând • **pp** anulat

aplauda /applaud, clap/ • **ind** _pre_ aplaud, aplaudi, aplaudă, aplaudăm, aplaudați, aplaudă _imp_ aplaudam, aplaudai, aplauda, aplaudam, aplaudați, aplaudau _prt_ aplaudai, aplaudași, aplaudă, aplaudarăm, aplaudarăți, aplaudară _plu_ aplaudasem, aplaudaseși, aplaudase, aplaudaserăm, aplaudaserăți, aplaudaseră • **sub** _pre_ să aplaud, să aplaudi, să aplaude, să aplaudăm, să aplaudați, să aplaude • **imp** _aff_ -, aplaudă, -, -, aplaudați, - _neg_ -, nu aplauda, -, -, nu aplaudați, - • **inf** a aplauda • **ger** aplaudând • **pp** aplaudat

apleca /bend, bend down/ • **ind** _pre_ aplec, apleci, apleacă, aplecăm, aplecați, apleacă _imp_ aplecam, aplecai, apleca, aplecam, aplecați, aplecau _prt_ aplecai, aplecași, aplecă, aplecarăm, aplecarăți, aplecară _plu_ aplecasem, aplecaseși, aplecase, aplecaserăm, aplecaserăți, aplecaseră • **sub** _pre_ să aplec, să apleci, să aplece, să aplecăm, să aplecați, să aplece • **imp** _aff_

aplica

-, apleacă, -, -, aplecați, - _neg_ -, nu apleca, -, -, nu aplecați, -
• **inf** a apleca • **ger** aplecând • **pp** aplecat

aplica /apply/ • **ind** _pre_ aplic, aplici, aplică, aplicăm, aplicați, aplică _imp_ aplicam, aplicai, aplica, aplicam, aplicați, aplicau _prt_ aplicai, aplicași, aplică, aplicarăm, aplicarăți, aplicară _plu_ aplicasem, aplicaseși, aplicase, aplicaserăm, aplicaserăți, aplicaseră • **sub** _pre_ să aplic, să aplici, să aplice, să aplicăm, să aplicați, să aplice • **imp** _aff_ -, aplică, -, -, aplicați, - _neg_ -, nu aplica, -, -, nu aplicați, - • **inf** a aplica • **ger** aplicând • **pp** aplicat

aprinde /light, turn on/ • **ind** _pre_ aprind, aprinzi, aprinde, aprindem, aprindeți, aprind _imp_ aprindeam, aprindeai, aprindea, aprindeam, aprindeați, aprindeau _prt_ aprinsei, aprinseși, aprinse, aprinserăm, aprinserăți, aprinseră _plu_ aprinsesem, aprinseseși, aprinsese, aprinseserăm, aprinseserăți, aprinseseră • **sub** _pre_ să aprind, să aprinzi, să aprindă, să aprindem, să aprindeți, să aprindă • **imp** _aff_ -, aprinde, -, -, aprindeți, - _neg_ -, nu aprinde, -, -, nu aprindeți, - • **inf** a aprinde • **ger** aprinzând • **pp** aprins

apropia /approach, come or bring near/ • **ind** _pre_ apropii, apropii, apropie, apropiem, apropiați, apropie _imp_ apropiam, apropiai, apropia, apropiam, apropiați, apropiau _prt_ apropiai, apropiași, apropie, apropiarăm, apropiarăți, apropiară _plu_ apropiasem, apropiaseși, apropiase, apropiaserăm, apropiaserăți, apropiaseră • **sub** _pre_ să apropii, să apropii, să apropie, să apropiem, să apropiați, să apropie • **imp** _aff_ -, apropie, -, -, apropiați, - _neg_ -, nu apropia, -, -, nu apropiați, - • **inf** a apropia • **ger** apropiind • **pp** apropiat

apuca /grab, grip/ • **ind** _pre_ apuc, apuci, apucă, apucăm, apucați, apucă _imp_ apucam, apucai, apuca, apucam, apucați, apucau _prt_ apucai, apucași, apucă, apucarăm, apucarăți, apucară _plu_ apucasem, apucaseși, apucase, apucaserăm, apucaserăți, apucaseră • **sub** _pre_ să apuc, să apuci, să apuce, să apucăm, să apucați, să apuce • **imp** _aff_ -, apucă, -, -, apucați, - _neg_ -, nu apuca, -, -, nu apucați, - • **inf** a apuca • **ger** apucând • **pp** apucat

apune /fade, decline/ • **ind** _pre_ apun, apui, apune, apunem, apuneți, apun _imp_ apuneam, apuneai, apunea, apuneam, apuneați, apuneau _prt_ apusei, apuseși, apuse, apuserăm, apuserăți, apuseră _plu_ apusesem, apuseseși, apusese, apuseserăm, apuseserăți, apuseseră • **sub** _pre_ să apun, să apui, să apună, să apunem, să apuneți, să apună • **imp** _aff_ -, apune, -, -, apuneți, - _neg_ -, nu apune, -, -, nu apuneți, - • **inf** a apune • **ger** apunând • **pp** apus

arde /burn/ • **ind** _pre_ ard, arzi, arde, ardem, ardeți, ard _imp_ ardeam, ardeai, ardea, ardeam, ardeați, ardeau _prt_ arsei, arseși, arse, arserăm, arserăți, arseră _plu_ arsesem, arseseși, arsese, arseserăm, arseserăți, arseseră • **sub** _pre_ să ard, să arzi, să ardă, să ardem, să ardeți, să ardă • **imp** _aff_ -, arzi, -, -, ardeți, - _neg_ -, nu arde, -, -, nu ardeți, - • **inf** a arde • **ger** arzând • **pp** ars

arunca /throw, cast/ • **ind** _pre_ arunc, arunci, aruncă, aruncăm, aruncați, aruncă _imp_ aruncam, aruncai, arunca, aruncam, aruncați, aruncau _prt_ aruncai, aruncași, aruncă, aruncarăm, aruncarăți, aruncară _plu_ aruncasem, aruncaseși, aruncase, aruncaserăm, aruncaserăți, aruncaseră • **sub** _pre_ să arunc, să arunci, să arunce, să aruncăm, să aruncați, să arunce • **imp** _aff_ -, aruncă, -, -, aruncați, - _neg_ -, nu arunca, -, -, nu aruncați, - • **inf** a arunca • **ger** aruncând • **pp** aruncat

asculta /listen, hear/ • **ind** _pre_ ascult, asculți, ascultă, ascultăm, ascultați, ascultă _imp_ ascultam, ascultai, asculta, ascultam, ascultați, ascultau _prt_ ascultai, ascultași, ascultă, ascultarăm, ascultarăți, ascultară _plu_ ascultasem, ascultaseși, ascultase, ascultaserăm, ascultaserăți, ascultaseră • **sub** _pre_ să ascult, să asculți, să asculte, să ascultăm, să ascultați, să asculte • **imp** _aff_ -, ascultă, -, -, ascultați, - _neg_ -, nu asculta, -, -, nu ascultați, - • **inf** a asculta • **ger** ascultând • **pp** ascultat

ascunde /hide, conceal/ • **ind** _pre_ ascund, ascunzi, ascunde, ascundem, ascundeți, ascund _imp_ ascundeam, ascundeai, ascundea, ascundeam, ascundeați, ascundeau _prt_ ascunsei, ascunseși, ascunse, ascunserăm, ascunserăți, ascunseră _plu_ ascunsesem, ascunseseși, ascunsese, ascunseserăm, ascunseserăți, ascunseseră • **sub** _pre_ să ascund, să ascunzi, să ascundă, să ascundem, să ascundeți, să ascundă • **imp** _aff_ -, ascunde, -, -, ascundeți, - _neg_ -, nu ascunde, -, -, nu ascundeți, - • **inf** a ascunde • **ger** ascunzând • **pp** ascuns

asigura /ensure, assure/ • **ind** _pre_ asigur, asiguri, asigură, asigurăm, asigurați, asigură _imp_ asiguram, asigurai, asigura, asiguram, asigurați, asigurau _prt_ asigurai, asigurași, asigură, asigurarăm, asigurarăți, asigurară _plu_ asigurasem, asigurasești, asigurase, asiguraserăm, asiguraserăți, asiguraseră • **sub** _pre_ să asigur, să asiguri, să asigure, să asigurăm, să asigurați, să asigure • **imp** _aff_ -, asigură, -, -, asigurați, - _neg_ -, nu asigura, -, -, nu asigurați, - • **inf** a asigura • **ger** asigurând • **pp** asigurat

aștepta /wait/ • **ind** _pre_ aștept, aștepți, așteaptă, așteptăm, așteptați, așteaptă _imp_ așteptam, așteptai, aștepta, așteptam, așteptați, așteptau _prt_ așteptai, așteptași, așteptă, așteptarăm, așteptarăți, așteptară _plu_ așteptasem, așteptasești, așteptase, așteptaserăm, așteptaserăți, așteptaseră • **sub** _pre_ să aștept, să aștepți, să aștepte, să așteptăm, să așteptați, să aștepte • **imp** _aff_ -, așteaptă, -, -, așteptați, - _neg_ -, nu aștepta, -, -, nu așteptați, - • **inf** a aștepta • **ger** așteptând • **pp** așteptat

ataca /attack/ • **ind** _pre_ atac, ataci, atacă, atacăm, atacați, atacă _imp_ atacam, atacai, ataca, atacam, atacați, atacau _prt_ atacai, atacași, atacă, atacarăm, atacarăți, atacară _plu_ atacasem, atacasești, atacase, atacaserăm, atacaserăți, atacaseră • **sub** _pre_ să atac, să ataci, să atace, să atacăm, să atacați, să atace • **imp** _aff_ -, atacă, -, -, atacați, - _neg_ -, nu ataca, -, -, nu atacați, - • **inf** a ataca • **ger** atacând • **pp** atacat

atinge /reach, touch/ • **ind** _pre_ ating, atingi, atinge, atingem, atingeți, ating _imp_ atingeam, atingeai, atingea, atingeam, atingeați, atingeau _prt_ atinsei, atinseși, atinse, atinserăm, atinserăți, atinseră _plu_ atinsesem, atinseseși, atinsese, atinseserăm, atinseserăți, atinseseră • **sub** _pre_ să ating, să atingi, să atingă, să atingem, să atingeți, să atingă • **imp** _aff_ -, atinge, -, -, atingeți, - _neg_ -, nu atinge, -, -, nu atingeți, - • **inf** a atinge • **ger** atingând • **pp** atins

atrage /attract, draw/ • **ind** _pre_ atrag, atragi, atrage, atragem, atrageți, atrag _imp_ atrageam, atrageai, atragea, atrageam, atrageați, atrageau _prt_ atrasei, atraseși, atrase, atraserăm, atraserăți, atraseră _plu_ atrasesem, atraseseși, atrasese, atraseserăm, atraseserăți, atraseseră • **sub** _pre_ să atrag, să atragi, să atragă, să atragem, să atrageți, să atragă • **imp** _aff_ -, atrage, -, -, atrageți, - _neg_ -, nu atrage, -, -, nu atrageți, - • **inf** a atrage • **ger** atragând • **pp** atras

auzi /hear/ • **ind** *pre* aud, auzi, aude, auzim, auziți, aud *imp* auzeam, auzeai, auzea, auzeam, auzeați, auzeau *prt* auzii, auziși, auzi, auzirăm, auzirăți, auziră *plu* auzisem, auziseși, auzise, auziserăm, auziserăți, auziseră • **sub** *pre* să aud, să auzi, să audă, să auzim, să auziți, să audă • **imp** *aff* -, aude, -, -, auziți, - *neg* -, nu auzi, -, -, nu auziți, - • **inf** a auzi • **ger** auzind • **pp** auzit

avansa /advance, progress/ • **ind** *pre* avansez, avansezi, avansează, avansăm, avansați, avansează *imp* avansam, avansai, avansa, avansam, avansați, avansau *prt* avansai, avansași, avansă, avansarăm, avansarăți, avansară *plu* avansasem, avansaseși, avansase, avansaserăm, avansaserăți, avansaseră • **sub** *pre* să avansez, să avansezi, să avanseze, să avansăm, să avansați, să avanseze • **imp** *aff* -, avansează, -, -, avansați, - *neg* -, nu avansa, -, -, nu avansați, - • **inf** a avansa • **ger** avansând • **pp** avansat

avea /have, stand/ • **ind** *pre* am, ai, are, avem, aveți, au *imp* aveam, aveai, avea, aveam, aveați, aveau *prt* avui, avuși, avu, avurăm, avurăți, avură *plu* avusem, avuseși, avuse, avuserăm, avuserăți, avuseră • **sub** *pre* să am, să ai, să aibă, să avem, să aveți, să aibă • **imp** *aff* -, ai, -, -, aveți, - *neg* -, nu avea, -, -, nu aveți, - • **inf** a avea • **ger** având • **pp** avut

B

bara /bar, block/ • **ind** *pre* barez, barezi, barează, barăm, barați, barează *imp* baram, barai, bara, baram, barați, barau *prt* barai, barași, bară, bararăm, bararăți, barară *plu* barasem, baraseși, barase, baraserăm, baraserăți, baraseră • **sub** *pre* să barez, să barezi, să bareze, să barăm, să barați, să bareze • **imp** *aff* -, barează, -, -, barați, - *neg* -, nu bara, -, -, nu barați, - • **inf** a bara • **ger** barând • **pp** barat

bate /beat, defeat/ • **ind** *pre* bat, bați, bate, batem, bateți, bat *imp* băteam, băteai, bătea, băteam, băteați, băteau *prt* bătui, bătuși, bătu, băturăm, băturăți, bătură *plu* bătusem, bătuseși, bătuse, bătuserăm, bătuserăți, bătuseră • **sub** *pre* să bat, să bați, să bată, să batem, să bateți, să bată • **imp** *aff* -, bate,

B -, -, bateți, - *neg* -, nu bate, -, -, nu bateți, - • **inf** a bate • **ger** bătând • **pp** bătut

baza /base/ • **ind** *pre* bazez, bazezi, bazează, bazăm, bazați, bazează *imp* bazam, bazai, baza, bazam, bazați, bazau *prt* bazai, bazași, bază, bazarăm, bazarăți, bazară *plu* bazasem, bazaseși, bazase, bazaserăm, bazaserăți, bazaseră • **sub** *pre* să bazez, să bazezi, să bazeze, să bazăm, să bazați, să bazeze • **imp** *aff* -, bazează, -, -, bazați, - *neg* -, nu baza, -, -, nu bazați, - • **inf** a baza • **ger** bazând • **pp** bazat

bea /drink/ • **ind** *pre* beau, bei, bea, bem, beți, beau *imp* beam, beai, bea, beam, beați, beau *prt* băui, băuși, băuu, băurăm, băurăți, băură *plu* băusem, băuseși, băuse, băuserăm, băuserăți, băuseră • **sub** *pre* să beau, să bei, să bea, să bem, să beți, să bea • **imp** *aff* -, bea, -, -, beți, - *neg* -, nu bea, -, -, nu beți, - • **inf** a bea • **ger** bând • **pp** băut

blestema /curse, shame/ • **ind** *pre* blestem, blestemi, blestemă, blestemăm, blestemați, blestemă *imp* blestemam, blestemai, blestema, blestemam, blestemați, blestemau *prt* blestemai, blestemași, blestemă, blestemarăm, blestemarăți, blestemară *plu* blestemasem, blestemaseși, blestemase, blestemaserăm, blestemaserăți, blestemaseră • **sub** *pre* să blestem, să blestemi, să blesteme, să blestemăm, să blestemați, să blesteme • **imp** *aff* -, blestemă, -, -, blestemați, - *neg* -, nu blestema, -, -, nu blestemați, - • **inf** a blestema • **ger** blestemând • **pp** blestemat

bloca /block, obstruct/ • **ind** *pre* blochez, blochezi, blochează, blocăm, blocați, blochează *imp* blocam, blocai, bloca, blocam, blocați, blocau *prt* blocai, blocași, blocă, blocarăm, blocarăți, blocară *plu* blocasem, blocaseși, blocase, blocaserăm, blocaserăți, blocaseră • **sub** *pre* să blochez, să blochezi, să blocheze, să blocăm, să blocați, să blocheze • **imp** *aff* -, blochează, -, -, blocați, - *neg* -, nu bloca, -, -, nu blocați, - • **inf** a bloca • **ger** blocând • **pp** blocat

boteza /baptise/ • **ind** *pre* botez, botezi, botează, botezăm, botezați, botează *imp* botezam, botezai, boteza, botezam, botezați, botezau *prt* botezai, botezași, boteză, botezarăm, botezarăți, botezară *plu* botezasem, botezaseși, botezase, botezaserăm, botezaserăți, botezaseră • **sub** *pre* să botez, să botezi, să boteze, să botezăm, să botezați, să boteze • **imp** *aff* -, botează, -, -, botezați, - *neg* -, nu boteza, -, -, nu botezați, - • **inf** a boteza • **ger** botezând • **pp** botezat

bucura /be / become glad/ • **ind** *pre* bucur, bucuri, bucură, bucurăm, bucurați, bucură *imp* bucuram, bucurai, bucura, bucuram, bucurați, bucurau *prt* bucurai, bucurași, bucură, bucurarăm, bucurarăți, bucurară *plu* bucurasem, bucuraseși, bucurase, bucuraserăm, bucuraserăți, bucuraseră • **sub** *pre* să bucur, să bucuri, să bucure, să bucurăm, să bucurați, să bucure • **imp** *aff* -, bucură, -, -, bucurați, - *neg* -, nu bucura, -, -, nu bucurați, - • **inf** a bucura • **ger** bucurând • **pp** bucurat

C

calma /calm, calm oneself/ • **ind** *pre* calmez, calmezi, calmează, calmăm, calmați, calmează *imp* calmam, calmai, calma, calmam, calmați, calmau *prt* calmai, calmași, calmă, calmarăm, calmarăți, calmară *plu* calmasem, calmaseși, calmase, calmaserăm, calmaserăți, calmaseră • **sub** *pre* să calmez, să calmezi, să calmeze, să calmăm, să calmați, să calmeze • **imp** *aff* -, calmează, -, -, calmați, - *neg* -, nu calma, -, -, nu calmați, - • **inf** a calma • **ger** calmând • **pp** calmat

capsula /encapsulate/ • **ind** *pre* capsulez, capsulezi, capsulează, capsulăm, capsulați, capsulează *imp* capsulam, capsulai, capsula, capsulam, capsulați, capsulau *prt* capsulai, capsulași, capsulă, capsularăm, capsularăți, capsulară *plu* capsulasem, capsulaseși, capsulase, capsulaserăm, capsulaserăți, capsulaseră • **sub** *pre* să capsulez, să capsulezi, să capsuleze, să capsulăm, să capsulați, să capsuleze • **imp** *aff* -, capsulează, -, -, capsulați, - *neg* -, nu capsula, -, -, nu capsulați, - • **inf** a capsula • **ger** capsulând • **pp** capsulat

căra /carry/ • **ind** *pre* car, cari, cară, cărăm, cărați, cară *imp* căram, cărai, căra, căram, cărați, cărau *prt* cărai, cărași, cără, cărarăm, cărarăți, cărară *plu* cărasem, căraseși, cărase, căraserăm, căraserăți, căraseră • **sub** *pre* să car, să cari, să care, să cărăm, să cărați, să care • **imp** *aff* -, cară, -, -, cărați, - *neg* -, nu căra, -, -, nu cărați, - • **inf** a căra • **ger** cărând • **pp** cărat

celebra /celebrate, solemnize/ • **ind** *pre* celebrez, celebrezi, celebrează, celebrăm, celebrați, celebrează *imp* celebram, celebrai, celebra, celebram, celebrați, celebrau *prt* celebrai, celebrași, celebră, celebrarăm, celebrarăți, celebrară *plu* celebrasem, celebraseși, celebrase, celebraserăm, celebraserăți, celebraseră • **sub** *pre* să celebrez, să celebrezi, să celebreze, să celebrăm, să celebrați, să celebreze • **imp** *aff* -, celebrează, -, -, celebrați, - *neg* -, nu celebra, -, -, nu celebrați, - • **inf** a celebra • **ger** celebrând • **pp** celebrat

cerceta /examine, investigate/ • **ind** *pre* cercetez, cercetezi, cercetează, cercetăm, cercetați, cercetează *imp* cercetam, cercetai, cerceta, cercetam, cercetați, cercetau *prt* cercetai, cercetași, cercetă, cercetarăm, cercetarăți, cercetară *plu* cercetasem, cercetaseși, cercetase, cercetaserăm, cercetaserăți, cercetaseră • **sub** *pre* să cercetez, să cercetezi, să cerceteze, să cercetăm, să cercetați, să cerceteze • **imp** *aff* -, cercetează, -, -, cercetați, - *neg* -, nu cerceta, -, -, nu cercetați, - • **inf** a cerceta • **ger** cercetând • **pp** cercetat

cere /request, ask/ • **ind** *pre* cer, ceri, cere, cerem, cereți, cer *imp* ceream, cereai, cerea, ceream, cereați, cereau *prt* cerui, ceruși, ceru, cerurăm, cerurăți, cerură *plu* cerusem, ceruseși, ceruse, ceruserăm, ceruserăți, ceruseră • **sub** *pre* să cer, să ceri, să ceară, să cerem, să cereți, să ceară • **imp** *aff* -, cere, -, -, cereți, - *neg* -, nu cere, -, -, nu cereți, - • **inf** a cere • **ger** cerând • **pp** cerut

certa /quarrel, squabble/ • **ind** *pre* cert, cerți, ceartă, certăm, certați, ceartă *imp* certam, certai, certa, certam, certați, certau *prt* certai, certași, certă, certarăm, certarăți, certară *plu* certasem, certaseși, certase, certaserăm, certaserăți, certaseră • **sub** *pre* să cert, să cerți, să certe, să certăm, să certați, să certe • **imp** *aff* -, ceartă, -, -, certați, - *neg* -, nu certa, -, -, nu certați, - • **inf** a certa • **ger** certând • **pp** certat

cheltui /spend, waste/ • **ind** *pre* cheltuiesc, cheltuiești, cheltuiește, cheltuim, cheltuiți, cheltuiesc *imp* cheltuiam, cheltuiai, cheltuia, cheltuiam, cheltuiați, cheltuiau *prt* cheltuii, cheltuiși, cheltui, cheltuirăm, cheltuirăți, cheltuiră *plu* cheltuisem, cheltuiseși, cheltuise, cheltuiserăm, cheltuiserăți, cheltuiseră • **sub** *pre* să cheltuiesc, să cheltuiești, să cheltuiască, să cheltuim, să cheltuiți, să cheltuiască • **imp** *aff* -, cheltuiește, -, -, cheltuiți,

– *neg* -, nu cheltui, -, -, nu cheltuiți, - • **inf** a cheltui • **ger** cheltuind • **pp** cheltuit

chema /call/ • **ind** *pre* chem, chemi, cheamă, chemăm, chemați, cheamă *imp* chemam, chemai, chema, chemam, chemați, chemau *prt* chemai, chemași, chemă, chemarăm, chemarăți, chemară *plu* chemasem, chemaseși, chemase, chemaserăm, chemaserăți, chemaseră • **sub** *pre* să chem, să chemi, să cheme, să chemăm, să chemați, să cheme • **imp** *aff* -, cheamă, -, -, chemați, – *neg* -, nu chema, -, -, nu chemați, - • **inf** a chema • **ger** chemând • **pp** chemat

chinui /torture, torment/ • **ind** *pre* chinuiesc, chinuiești, chinuiește, chinuim, chinuiți, chinuiesc *imp* chinuiam, chinuiai, chinuia, chinuiam, chinuiați, chinuiau *prt* chinuii, chinuiși, chinui, chinuirăm, chinuirăți, chinuiră *plu* chinuisem, chinuiseși, chinuise, chinuiserăm, chinuiserăți, chinuiseră • **sub** *pre* să chinuiesc, să chinuiești, să chinuiască, să chinuim, să chinuiți, să chinuiască • **imp** *aff* -, chinuiește, -, -, chinuiți, – *neg* -, nu chinui, -, -, nu chinuiți, - • **inf** a chinui • **ger** chinuind • **pp** chinuit

cina /dine, sup/ • **ind** *pre* cinez, cinezi, cinează, cinăm, cinați, cinează *imp* cinam, cinai, cina, cinam, cinați, cinau *prt* cinai, cinași, cină, cinarăm, cinarăți, cinară *plu* cinasem, cinaseși, cinase, cinaserăm, cinaserăți, cinaseră • **sub** *pre* să cinez, să cinezi, să cineze, să cinăm, să cinați, să cineze • **imp** *aff* -, cinează, -, -, cinați, – *neg* -, nu cina, -, -, nu cinați, - • **inf** a cina • **ger** cinând • **pp** cinat

ciocni /knock against, clink together/ • **ind** *pre* ciocnesc, ciocnești, ciocnește, ciocnim, ciocniți, ciocnesc *imp* ciocneam, ciocneai, ciocnea, ciocneam, ciocneați, ciocneau *prt* ciocnii, ciocniși, ciocni, ciocnirăm, ciocnirăți, ciocniră *plu* ciocnisem, ciocniseși, ciocnise, ciocniserăm, ciocniserăți, ciocniseră • **sub** *pre* să ciocnesc, să ciocnești, să ciocnească, să ciocnim, să ciocniți, să ciocnească • **imp** *aff* -, ciocnește, -, -, ciocniți, – *neg* -, nu ciocni, -, -, nu ciocniți, - • **inf** a ciocni • **ger** ciocnind • **pp** ciocnit

circula /circulate/ • **ind** *pre* circul, circuli, circulă, circulăm, circulați, circulă *imp* circulam, circulai, circula, circulam, circulați, circulau *prt* circulai, circulași, circulă, circularăm, circularăți, circulară *plu* circulasem, circulaseși, circulase, circulaserăm, circulaserăți, circulaseră • **sub** *pre* să circul, să circuli, să circule, să circulăm, să circulați, să circule • **imp** *aff* -, circulă, -, -, circulați, - *neg* -, nu circula, -, -, nu circulați, - • **inf** a circula • **ger** circulând • **pp** circulat

citi /read/ • **ind** *pre* citesc, citești, citește, citim, citiți, citesc *imp* citeam, citeai, citea, citeam, citeați, citeau *prt* citii, citiși, citi, citirăm, citirăți, citiră *plu* citisem, citiseși, citise, citiserăm, citiserăți, citiseră • **sub** *pre* să citesc, să citești, să citească, să citim, să citiți, să citească • **imp** *aff* -, citește, -, -, citiți, - *neg* -, nu citi, -, -, nu citiți, - • **inf** a citi • **ger** citind • **pp** citit

clarifica /clarify/ • **ind** *pre* clarific, clarifici, clarifică, clarificăm, clarificați, clarifică *imp* clarificam, clarificai, clarifica, clarificam, clarificați, clarificau *prt* clarificai, clarificași, clarifică, clarificarăm, clarificarăți, clarificară *plu* clarificasem, clarificaseși, clarificase, clarificaserăm, clarificaserăți, clarificaseră • **sub** *pre* să clarific, să clarifici, să clarifice, să clarificăm, să clarificați, să clarifice • **imp** *aff* -, clarifică, -, -, clarificați, - *neg* -, nu clarifica, -, -, nu clarificați, - • **inf** a clarifica • **ger** clarificând • **pp** clarificat

coace /bake, ripen/ • **ind** *pre* coc, coci, coace, coacem, coaceți, coc *imp* coceam, coceai, cocea, coceam, coceați, coceau *prt* copsei, copseși, coapse, coapserăm, coapserăți, coapseră *plu* copsesem, copseseși, copsese, copseserăm, copseserăți, copseseră • **sub** *pre* să coc, să coci, să coacă, să coacem, să coaceți, să coacă • **imp** *aff* -, coace, -, -, coaceți, - *neg* -, nu coace, -, -, nu coaceți, - • **inf** a coace • **ger** cocând • **pp** copt

coase /sew, stitch/ • **ind** *pre* cos, coși, coase, coasem, coaseți, cos *imp* coseam, coseai, cosea, coseam, coseați, coseau *prt* cusui, cusuși, cusu, cusurăm, cusurăți, cusură *plu* cususem, cususeși, cususe, cususerăm, cususerăți, cususeră • **sub** *pre* să cos, să coși, să coasă, să coasem, să coaseți, să coasă • **imp** *aff* -, coase, -, -, coaseți, - *neg* -, nu coase, -, -, nu coaseți, - • **inf** a coase • **ger** cosând • **pp** cusut

comanda /order, command/ • **ind** *pre* comand, comandi, comandă, comandăm, comandați, comandă *imp* comandam, comandai, comanda, comandam, comandați, comandau *prt* comandai, comandași, comandă, comandarăm, comandarăți, comandară *plu* comandasem, comandaseși, comandase, comandaserăm, comandaserăți, comandaseră • **sub** *pre* să comand, să comanzi, să comande, să comandăm, să comandați, să comande • **imp** *aff* -, comandă, -, -, comandați, - *neg* -, nu comanda, -, -, nu comandați, - • **inf** a comanda • **ger** comandând • **pp** comandat

combate /combat, fight/ • **ind** *pre* combat, combați, combate, combatem, combateți, combat *imp* combăteam, combăteai, combătea, combăteam, combăteați, combăteau *prt* combătui, combătuși, combătu, combăturăm, combăturăți, combătură *plu* combătusem, combătuseși, combătuse, combătuserăm, combătuserăți, combătuseră • **sub** *pre* să combat, să combați, să combată, să combatem, să combateți, să combată • **imp** *aff* -, combate, -, -, combateți, - *neg* -, nu combate, -, -, nu combateți, - • **inf** a combate • **ger** combătând • **pp** combătut

combina /combine/ • **ind** *pre* combin, combini, combină, combinăm, combinați, combină *imp* combinam, combinai, combina, combinam, combinați, combinau *prt* combinai, combinași, combină, combinarăm, combinarăți, combinară *plu* combinasem, combinaseși, combinase, combinaserăm, combinaserăți, combinaseră • **sub** *pre* să combin, să combini, să combine, să combinăm, să combinați, să combine • **imp** *aff* -, combină, -, -, combinați, - *neg* -, nu combina, -, -, nu combinați, - • **inf** a combina • **ger** combinând • **pp** combinat

compara /compare/ • **ind** *pre* compar, compari, compară, comparăm, comparați, compară *imp* comparam, comparai, compara, comparam, comparați, comparau *prt* comparai, comparași, compară, compararăm, compararăți, comparară *plu* comparasem, comparaseși, comparase, comparaserăm, comparaserăți, comparaseră • **sub** *pre* să compar, să compari, să compare, să comparăm, să comparați, să compare • **imp** *aff* -, compară, -, -, comparați, - *neg* -, nu compara, -, -, nu comparați, - • **inf** a compara • **ger** comparând • **pp** comparat

compensa /compensate, counterbalance/ • **ind** *pre* compensez, compensezi, compensează, compensăm, compensați, compensează *imp* compensam, compensai, compensa, compensam, compensați, compensau *prt* compensai, compensași, compensă, compensarăm, compensarăți, compensară *plu* compensasem, compensaseși, compensase, compensaserăm, compensaserăți, compensaseră • **sub** _pre_ să compensez, să compensezi, să compenseze, să compensăm, să compensați, să compenseze • **imp** _aff_ -, compensează, -, -, compensați, - _neg_ -, nu compensa, -, -, nu compensați, - • **inf** a compensa • **ger** compensând • **pp** compensat

completa /complete, fill in/ • **ind** _pre_ completez, completezi, completează, completăm, completați, completează _imp_ completam, completai, completa, completam, completați, completau _prt_ completai, completași, completă, completarăm, completarăți, completară _plu_ completasem, completaseși, completase, completaserăm, completaserăți, completaseră • **sub** _pre_ să completez, să completezi, să completeze, să completăm, să completați, să completeze • **imp** _aff_ -, completează, -, -, completați, - _neg_ -, nu completa, -, -, nu completați, - • **inf** a completa • **ger** completând • **pp** completat

complica /complicate/ • **ind** _pre_ complic, complici, complică, complicăm, complicați, complică _imp_ complicam, complicai, complica, complicam, complicați, complicau _prt_ complicai, complicași, complică, complicarăm, complicarăți, complicară _plu_ complicasem, complicaseși, complicase, complicaserăm, complicaserăți, complicaseră • **sub** _pre_ să complic, să complici, să complice, să complicăm, să complicați, să complice • **imp** _aff_ -, complică, -, -, complicați, - _neg_ -, nu complica, -, -, nu complicați, - • **inf** a complica • **ger** complicând • **pp** complicat

comporta /behave, conduct/ • **ind** _pre_ comport, comporți, comportă, comportăm, comportați, comportă _imp_ comportam, comportai, comporta, comportam, comportați, comportau _prt_ comportai, comportași, comportă, comportarăm, comportarăți, comportară _plu_ comportasem, comportaseși, comportase, comportaserăm, comportaserăți, comportaseră • **sub** _pre_ să comport, să comporți, să comporte, să comportăm, să comportați, să comporte • **imp** _aff_ -, comportă, -, -, comportați, - _neg_ -, nu comporta, -, -, nu comportați, - • **inf** a comporta • **ger** comportând • **pp** comportat

compune /compose, form/ • **ind** _pre_ compun, compui, compune, compunem, compuneți, compun _imp_ compuneam, compuneai, compunea, compuneam, compuneați, compuneau _prt_ compusei, compuseși, compuse, compuserăm, compuserăți, compuseră *plu* compusesem, compuseseşi, compusese, compuseserăm, compuseserăţi, compuseseră • **sub** *pre* să compun, să compui, să compună, să compunem, să compuneţi, să compună • **imp** *aff* -, compune, -, -, compuneţi, - *neg* -, nu compune, -, -, nu compuneţi, - • **inf** a compune • **ger** compunând • **pp** compus

comunica /communicate, correspond/ • **ind** *pre* comunic, comunici, comunică, comunicăm, comunicaţi, comunică *imp* comunicam, comunicai, comunica, comunicam, comunicaţi, comunicau *prt* comunicai, comunicaşi, comunică, comunicarăm, comunicarăţi, comunicară *plu* comunicasem, comunicaseşi, comunicase, comunicaserăm, comunicaserăţi, comunicaseră • **sub** *pre* să comunic, să comunici, să comunice, să comunicăm, să comunicaţi, să comunice • **imp** *aff* -, comunică, -, -, comunicaţi, - *neg* -, nu comunica, -, -, nu comunicaţi, - • **inf** a comunica • **ger** comunicând • **pp** comunicat

concepe /conceive, imagine/ • **ind** *pre* concep, concepi, concepe, concepem, concepeţi, concep *imp* concepeam, concepeai, concepea, concepeam, concepeaţi, concepeau *prt* concepui, concepuşi, concepu, concepurăm, conceputăţi, concepură *plu* concepusem, concepuseşi, concepuse, concepuserăm, concepuserăţi, concepuseră • **sub** *pre* să concep, să concepi, să conceapă, să concepem, să concepeţi, să conceapă • **imp** *aff* -, concepe, -, -, concepeţi, - *neg* -, nu concepe, -, -, nu concepeţi, - • **inf** a concepe • **ger** concepând • **pp** conceput

conduce /drive, conduct/ • **ind** *pre* conduc, conduci, conduce, conducem, conduceţi, conduc *imp* conduceam, conduceai, conducea, conduceam, conduceaţi, conduceau *prt* condusei, conduseşi, conduse, conduserăm, conduserăţi, conduseră *plu* condusesem, conduseseşi, condusese, conduseserăm, conduseserăţi, conduseseră • **sub** *pre* să conduc, să conduci, să conducă, să conducem, să conduceţi, să conducă • **imp** *aff* -, condu, -, -, conduceţi, - *neg* -, nu conduce, -, -, nu conduceţi, - • **inf** a conduce • **ger** conducând • **pp** condus

confrunta /confront/ • **ind** *pre* confrunt, confrunţi, confruntă, confruntăm, confruntaţi, confruntă *imp* confruntam, confruntai, confrunta, confruntam, confruntaţi, confruntau *prt* confruntai, confruntaşi, confruntă, confruntarăm, confruntarăţi, confruntară *plu* confruntasem, confruntaseşi, confruntase, confruntaserăm, confruntaserăţi, confruntaseră • **sub** *pre* să confrunt, să confrunți, să confrunte, să confruntăm, să confruntați, să confrunte • imp *aff* -, confruntă, -, -, confruntați, - *neg* -, nu confrunta, -, -, nu confruntați, - • inf a confrunta • ger confruntând • pp confruntat

confunda /confuse/ • ind *pre* confund, confunzi, confundă, confundăm, confundați, confundă *imp* confundam, confundai, confunda, confundam, confundați, confundau *prt* confundai, confundași, confundă, confundarăm, confundarăți, confundară *plu* confundasem, confundaseși, confundase, confundaserăm, confundaserăți, confundaseră • sub *pre* să confund, să confunzi, să confunde, să confundăm, să confundați, să confunde • imp *aff* -, confundă, -, -, confundați, - *neg* -, nu confunda, -, -, nu confundați, - • inf a confunda • ger confundând • pp confundat

consta /consist, be composed of/ • ind *pre* constau, constai, constă, constăm, constați, constau *imp* constăteam, constăteai, constătea, constăteam, constăteați, constăteau *prt* constătui, constătuși, constătu, constăturăm, constăturăți, constătură *plu* constătusem, constătuseși, constătuse, constătuserăm, constătuserăți, constătuseră • sub *pre* să constau, să constai, să constea, să constăm, să constați, să constea • imp *aff* -, constai, -, -, constați, - *neg* -, nu consta, -, -, nu constați, - • inf a consta • ger constând • pp constat

construi /construct, build/ • ind *pre* construiesc, construiești, construiește, construim, construiți, construiesc *imp* construiam, construiai, construia, construiam, construiați, construiau *prt* construii, construiși, construi, construirăm, construirăți, construiră *plu* construisem, construiseși, construise, construiserăm, construiserăți, construiseră • sub *pre* să construiesc, să construiești, să construiască, să construim, să construiți, să construiască • imp *aff* -, construiește, -, -, construiți, - *neg* -, nu construi, -, -, nu construiți, - • inf a construi • ger construind • pp construit

contrazice /contradict, be contrary to/ • ind *pre* contrazic, contrazici, contrazice, contrazicem, contraziceți, contrazic *imp* contraziceam, contraziceai, contrazicea, contraziceam, contraziceați, contraziceau *prt* contrazisei, contraziseși, contrazise, contraziserăm, contraziserăți, contraziseră *plu* contrazisesem, contraziseseși, contrazisese, contraziseserăm, contraziseserăți, contraziseseră • **sub** _pre_ să contrazic, să contrazici, să contrazică, să contrazicem, să contraziceți, să contrazică • **imp** _aff_ -, contrazi, -, -, contraziceți, - _neg_ -, nu contrazice, -, -, nu contraziceți, - • **inf** a contrazice • **ger** contrazicând • **pp** contrazis

controla /control, master/ • **ind** _pre_ controlez, controlezi, controlează, controlăm, controlați, controlează _imp_ controlam, controlai, controla, controlam, controlați, controlau _prt_ controlai, controlași, controlă, controlarăm, controlarăți, controlară _plu_ controlasem, controlaseși, controlase, controlaserăm, controlaserăți, controlaseră • **sub** _pre_ să controlez, să controlezi, să controleze, să controlăm, să controlați, să controleze • **imp** _aff_ -, controlează, -, -, controlați, - _neg_ -, nu controla, -, -, nu controlați, - • **inf** a controla • **ger** controlând • **pp** controlat

conveni /understand, fall inaccord with/ • **ind** _pre_ convin, convii, convine, convenim, conveniți, convin _imp_ conveneam, conveneai, convenea, conveneam, conveneați, conveneau _prt_ convenii, conveniși, conveni, convenirăm, convenirăți, conveniră _plu_ convenisem, conveniseși, convenise, conveniserăm, conveniserăți, conveniseră • **sub** _pre_ să convin, să convii, să convină, să convenim, să conveniți, să convină • **imp** _aff_ -, convino, -, -, conveniți, - _neg_ -, nu conveni, -, -, nu conveniți, - • **inf** a conveni • **ger** convenind • **pp** convenit

convinge /convince, persuade/ • **ind** _pre_ conving, convingi, convinge, convingem, convingeți, conving _imp_ convingeam, convingeai, convingea, convingeam, convingeați, convingeau _prt_ convinsei, convinseși, convinse, convinserăm, convinserăți, convinseră _plu_ convinsesem, convinseseși, convinsese, convinseserăm, convinseserăți, convinseseră • **sub** _pre_ să conving, să convingi, să convingă, să convingem, să convingeți, să convingă • **imp** _aff_ -, convinge, -, -, convingeți, - _neg_ -, nu convinge, -, -, nu convingeți, - • **inf** a convinge • **ger** convingând • **pp** convins

coopera /cooperate/ • **ind** _pre_ cooperez, cooperezi, cooperează, cooperăm, cooperați, cooperează _imp_ cooperam, cooperai, coopera, cooperam, cooperați, cooperau _prt_ cooperai, cooperași, cooperă, cooperarăm, cooperarăți, cooperară _plu_ cooperasem, cooperaseși, cooperase, cooperaserăm, cooperaserăți, cooperaseră • **sub** _pre_ să cooperez, să cooperezi, să coopereze, să cooperăm, să cooperați, să coopereze • **imp** _aff_ -, coope-

rează, -, -, cooperați, - *neg* -, nu coopera, -, -, nu cooperați, -
• **inf** a coopera • **ger** cooperând • **pp** cooperat

copia /copy/ • **ind** *pre* copiez, copiezi, copiază, copiem, copiați, copiază *imp* copiam, copiai, copia, copiam, copiați, copiau *prt* copiai, copiași, copie, copiarăm, copiarăți, copiară *plu* copiasem, copiaseși, copiase, copiaserăm, copiaserăți, copiaseră • **sub** *pre* să copiez, să copiezi, să copieze, să copiem, să copiați, să copieze • **imp** *aff* -, copiază, -, -, copiați, - *neg* -, nu copia, -, -, nu copiați, - • **inf** a copia • **ger** copiind • **pp** copiat

corecta /correct, rectify/ • **ind** *pre* corectez, corectezi, corectează, corectăm, corectați, corectează *imp* corectam, corectai, corecta, corectam, corectați, corectau *prt* corectai, corectași, corectă, corectarăm, corectarăți, corectară *plu* corectasem, corectaseși, corectase, corectaserăm, corectaserăți, corectaseră • **sub** *pre* să corectez, să corectezi, să corecteze, să corectăm, să corectați, să corecteze • **imp** *aff* -, corectează, -, -, corectați, - *neg* -, nu corecta, -, -, nu corectați, - • **inf** a corecta • **ger** corectând • **pp** corectat

corupe /corrupt, deprave/ • **ind** *pre* corup, corupi, corupe, corupem, corupeți, corup *imp* corupeam, corupeai, corupea, corupeam, corupeați, corupeau *prt* corupsei, corupseși, corupse, corupserăm, corupserăți, corupseră *plu* corupsesem, corupseseși, corupsese, corupseserăm, corupseserăți, corupseseră • **sub** *pre* să corup, să corupi, să corupă, să corupem, să corupeți, să corupă • **imp** *aff* -, corupe, -, -, corupeți, - *neg* -, nu corupe, -, -, nu corupeți, - • **inf** a corupe • **ger** corupând • **pp** corupt

crea /create/ • **ind** *pre* creez, creezi, creează, creăm, creați, creează *imp* cream, creai, crea, cream, creați, creau *prt* creai, creași, creă, crearăm, crearăți, creară *plu* creasem, creaseși, crease, creaserăm, creaserăți, creaseră • **sub** *pre* să creez, să creezi, să creeze, să creăm, să creați, să creeze • **imp** *aff* -, creează, -, -, creați, - *neg* -, nu crea, -, -, nu creați, - • **inf** a crea • **ger** creând • **pp** creat

crede /guess, believe/ • **ind** *pre* cred, crezi, crede, credem, credeți, cred *imp* credeam, credeai, credea, credeam, credeați, credeau *prt* crezui, crezuși, crezu, crezurăm, crezurăți, crezură *plu* crezusem, crezuseși, crezuse, crezuserăm, crezuserăți, crezuseră • **sub** *pre* să cred, să crezi, să creadă, să credem, să credeți, să creadă • **imp** *aff* -, crede, -, -, credeți, - *neg* -, nu crede, -, -, nu credeți, - • **inf** a crede • **ger** crezând • **pp** crezut

cuceri /conquer/ • **ind** *pre* cuceresc, cucerești, cucerește, cucerim, cuceriți, cuceresc *imp* cuceream, cucereai, cucerea, cuceream, cucereați, cucereau *prt* cucerii, cuceriși, cuceri, cucerirăm, cucerirăți, cuceriră *plu* cucerisem, cuceriseși, cucerise, cuceriserăm, cuceriserăți, cuceriseră • **sub** *pre* să cuceresc, să cucerești, să cucerească, să cucerim, să cuceriți, să cucerească • **imp** *aff* -, cucerește, -, -, cuceriți, - *neg* -, nu cuceri, -, -, nu cuceriți, - • **inf** a cuceri • **ger** cucerind • **pp** cucerit

culca /lie down, go bed/ • **ind** *pre* culc, culci, culcă, culcăm, culcați, culcă *imp* culcam, culcai, culca, culcam, culcați, culcau *prt* culcai, culcași, culcă, culcarăm, culcarăți, culcară *plu* culcasem, culcaseși, culcase, culcaserăm, culcaserăți, culcaseră • **sub** *pre* să culc, să culci, să culce, să culcăm, să culcați, să culce • **imp** *aff* -, culcă, -, -, culcați, - *neg* -, nu culca, -, -, nu culcați, - • **inf** a culca • **ger** culcând • **pp** culcat

culege /collect, gather/ • **ind** *pre* culeg, culegi, culege, culegem, culegeți, culeg *imp* culegeam, culegeai, culegea, culegeam, culegeați, culegeau *prt* culesei, culeseși, culese, culeserăm, culeserăți, culeseră *plu* culesesem, culeseseși, culesese, culeseserăm, culeseserăți, culeseseră • **sub** *pre* să culeg, să culegi, să culeagă, să culegem, să culegeți, să culeagă • **imp** *aff* -, culege, -, -, culegeți, - *neg* -, nu culege, -, -, nu culegeți, - • **inf** a culege • **ger** culegând • **pp** cules

cunoaște /know/ • **ind** *pre* cunosc, cunoști, cunoaște, cunoaștem, cunoașteți, cunosc *imp* cunoșteam, cunoșteai, cunoștea, cunoșteam, cunoșteați, cunoșteau *prt* cunoscui, cunoscuși, cunoscu, cunoscurăm, cunoscurăți, cunoscură *plu* cunoscusem, cunoscuseși, cunoscuse, cunoscuserăm, cunoscuserăți, cunoscuseră • **sub** *pre* să cunosc, să cunoști, să cunoască, să cunoaștem, să cunoașteți, să cunoască • **imp** *aff* -, cunoaște, -, -, cunoașteți, - *neg* -, nu cunoaște, -, -, nu cunoașteți, - • **inf** a cunoaște • **ger** cunoscând • **pp** cunoscut

cuprinde /comprehend, contain/ • **ind** *pre* cuprind, cuprinzi, cuprinde, cuprindem, cuprindeți, cuprind *imp* cuprindeam, cuprindeai, cuprindea, cuprindeam, cuprindeați, cuprindeau *prt* cuprinsei, cuprinseși, cuprinse, cuprinserăm, cuprinserăți, cuprinseră *plu* cuprinsesem, cuprinseseși, cuprinsese, cuprinseserăm, cuprinseserăți, cuprinseseră • **sub** *pre* să cuprind, să cuprinzi, să cuprindă, să cuprindem, să cuprindeți, să cuprindă • **imp** *aff* -, cuprinde, -, -, cuprindeți, - *neg* -, nu cuprinde, -, -, nu cuprindeți, - • **inf** a cuprinde • **ger** cuprinzând • **pp** cuprins

curge /flow, run/ • **ind** *pre* curg, curgi, curge, curgem, curgeți, curg *imp* curgeam, curgeai, curgea, curgeam, curgeați, curgeau *prt* cursei, curseși, curse, curserăm, curserăți, cursără *plu* cursesem, curseseși, cursese, curseserăm, curseserăți, curseseră • **sub** *pre* să curg, să curgi, să curgă, să curgem, să curgeți, să curgă • **imp** *aff* -, curge, -, -, curgeți, - *neg* -, nu curge, -, -, nu curgeți, - • **inf** a curge • **ger** curgând • **pp** curs

D

dansa /dance/ • **ind** *pre* dansez, dansezi, dansează, dansăm, dansați, dansează *imp* dansam, dansai, dansa, dansam, dansați, dansau *prt* dansai, dansași, dansă, dansarăm, dansarăți, dansară *plu* dansasem, dansaseși, dansase, dansaserăm, dansaserăți, dansaseră • **sub** *pre* să dansez, să dansezi, să danseze, să dansăm, să dansați, să danseze • **imp** *aff* -, dansează, -, -, dansați, - *neg* -, nu dansa, -, -, nu dansați, - • **inf** a dansa • **ger** dansând • **pp** dansat

datora /owe/ • **ind** *pre* datorez, datorezi, datorează, datorăm, datorați, datorează *imp* datoram, datorai, datora, datoram, datorați, datorau *prt* datorai, datorași, datoră, datorarăm, datorarăți, datorară *plu* datorasem, datoraseși, datorase, datoraserăm, datoraserăți, datoraseră • **sub** *pre* să datorez, să datorezi, să datoreze, să datorăm, să datorați, să datoreze • **imp** *aff* -, datorează, -, -, datorați, - *neg* -, nu datora, -, -, nu datorați, - • **inf** a datora • **ger** datorând • **pp** datorat

decide /decide/ • **ind** *pre* decid, decizi, decide, decidem, decideți, decid *imp* decideam, decideai, decidea, decideam, decideați, decideau *prt* decisei, deciseși, decise, deciserăm, deciserăți, deciseră *plu* decisesem, deciseseși, decisese, deciseserăm, deciseserăți, deciseseră • **sub** *pre* să decid, să decizi, să decidă, să decidem, să decideți, să decidă • imp *aff* -, decide, -, -, decideți, - *neg* -, nu decide, -, -, nu decideți, - • inf a decide • **ger** decizând • **pp** decis

declara /declare/ • **ind** *pre* declar, declari, declară, declarăm, declarați, declară *imp* declaram, declarai, declara, declaram, declarați, declarau *prt* declarai, declarași, declară, declararăm, declararăți, declarară *plu* declarasem, declaraseși, declarase, declaraserăm, declaraserăți, declaraseră • **sub** *pre* să declar, să declari, să declare, să declarăm, să declarați, să declare • **imp** *aff* -, declară, -, -, declarați, - *neg* -, nu declara, -, -, nu declarați, - • **inf** a declara • **ger** declarând • **pp** declarat

deduce /infer, deduce/ • **ind** *pre* deduc, deduci, deduce, deducem, deduceți, deduc *imp* deduceam, deduceai, deducea, deduceam, deduceați, deduceau *prt* dedusei, dedusești, deduse, deduserăm, deduserăți, dedusera *plu* dedusesem, deduseseși, dedusese, deduseserăm, deduseserăți, deduseseră • **sub** *pre* să deduc, să deduci, să deducă, să deducem, să deduceți, să deducă • **imp** *aff* -, dedu, -, -, deduceți, - *neg* -, nu deduce, -, -, nu deduceți, - • **inf** a deduce • **ger** deducând • **pp** dedus

deplasa /shift, move/ • **ind** *pre* deplasez, deplasezi, deplasează, deplasăm, deplasați, deplasează *imp* deplasam, deplasai, deplasa, deplasam, deplasați, deplasau *prt* deplasai, deplasași, deplasă, deplasarăm, deplasarăți, deplasară *plu* deplasasem, deplasaseși, deplasase, deplasaserăm, deplasaserăți, deplasaseră • **sub** *pre* să deplasez, să deplasezi, să deplaseze, să deplasăm, să deplasați, să deplaseze • **imp** *aff* -, deplasează, -, -, deplasați, - *neg* -, nu deplasa, -, -, nu deplasați, - • **inf** a deplasa • **ger** deplasând • **pp** deplasat

depune /deposit, lodge/ • **ind** *pre* depun, depui, depune, depunem, depuneți, depun *imp* depuneam, depuneai, depunea, depuneam, depuneați, depuneau *prt* depusei, depusești, depuse, depuserăm, depuserăți, depusera *plu* depusesem, depuseseși, depusese, depuseserăm, depuseserăți, depuseseră • **sub** *pre* să depun, să depui, să depună, să depunem, să depuneți, să depună • **imp** *aff* -, depune, -, -, depuneți, - *neg* -, nu depune, -, -, nu depuneți, - • **inf** a depune • **ger** depunând • **pp** depus

deranja /derange, disarrange/ • **ind** *pre* deranjez, deranjezi, deranjează, deranjăm, deranjați, deranjează *imp* deranjam, deranjai, deranja, deranjam, deranjaţi, deranjau _prt_ deranjai, deranjaşi, deranjă, deranjarăm, deranjarăţi, deranjară _plu_ deranjasem, deranjaseşi, deranjase, deranjaserăm, deranjaserăţi, deranjaseră • **sub** _pre_ să deranjez, să deranjezi, să deranjeze, să deranjăm, să deranjaţi, să deranjeze • **imp** _aff_ -, deranjează, -, -, deranjaţi, - _neg_ -, nu deranja, -, -, nu deranjaţi, - • **inf** a deranja • **ger** deranjând • **pp** deranjat

deschide /open, unlock/ • **ind** _pre_ deschid, deschizi, deschide, deschidem, deschideţi, deschid _imp_ deschideam, deschideai, deschidea, deschideam, deschideaţi, deschideau _prt_ deschisei, deschiseşi, deschise, deschiserăm, deschiserăţi, deschiseră _plu_ deschisesem, deschiseseşi, deschisese, deschiseserăm, deschiseserăţi, deschiseseră • **sub** _pre_ să deschid, să deschizi, să deschidă, să deschidem, să deschideţi, să deschidă • **imp** _aff_ -, deschide, -, -, deschideţi, - _neg_ -, nu deschide, -, -, nu deschideţi, - • **inf** a deschide • **ger** deschizând • **pp** deschis

descompune /decompose, decay/ • **ind** _pre_ descompun, descompui, descompune, descompunem, descompuneţi, descompun _imp_ descompuneam, descompuneai, descompunea, descompuneam, descompuneaţi, descompuneau _prt_ descompusei, descompuseşi, descompuse, descompuserăm, descompuserăţi, descompuseră _plu_ descompusesem, descompuseseşi, descompusese, descompuseserăm, descompuseserăţi, descompuseseră • **sub** _pre_ să descompun, să descompui, să descompună, să descompunem, să descompuneţi, să descompună • **imp** _aff_ -, descompune, -, -, descompuneţi, - _neg_ -, nu descompune, -, -, nu descompuneţi, - • **inf** a descompune • **ger** descompunând • **pp** descompus

descoperi /discover, unearth/ • **ind** _pre_ descopăr, descoperi, descoperă, descoperim, descoperiţi, descoperă _imp_ descopeream, descopereai, descoperea, descopeream, descopereaţi, descopereau _prt_ descoperii, descoperişi, descoperi, descoperirăm, descoperirăţi, descoperiră _plu_ descoperisem, descoperiseşi, descoperise, descoperiserăm, descoperiserăţi, descoperiseră • **sub** _pre_ să descopăr, să descoperi, să descopere, să descoperim, să descoperiţi, să descopere • **imp** _aff_ -, descoperă, -, -, descoperiţi, - _neg_ -, nu descoperi, -, -, nu descoperiţi, - • **inf** a descoperi • **ger** descoperind • **pp** descoperit

descrie /describe, depict/ • **ind** _pre_ descriu, descrii, descrie, descriem, descrieţi, descriu _imp_ descriam, descriai, descria, descriam, descriați, descriau _prt_ descrisei, descriseși, descrise, descriserăm, descriserăți, descriseră _plu_ descrisesem, descriseseși, descrisese, descriseserăm, descriseserăți, descriseseră • **sub** _pre_ să descriu, să descrii, să descrie, să descriem, să descrieți, să descrie • **imp** _aff_ -, descrie, -, -, descrieți, - _neg_ -, nu descrie, -, -, nu descrieți, - • **inf** a descrie • **ger** descriind • **pp** descris

descurca /unravel, manage/ • **ind** _pre_ descurc, descurci, descurcă, descurcăm, descurcați, descurcă _imp_ descurcam, descurcai, descurca, descurcam, descurcați, descurcau _prt_ descurcai, descurcași, descurcă, descurcarăm, descurcarăți, descurcară _plu_ descurcasem, descurcaseși, descurcase, descurcaserăm, descurcaserăți, descurcaseră • **sub** _pre_ să descurc, să descurci, să descurce, să descurcăm, să descurcați, să descurce • **imp** _aff_ -, descurcă, -, -, descurcați, - _neg_ -, nu descurca, -, -, nu descurcați, - • **inf** a descurca • **ger** descurcând • **pp** descurcat

desena /draw/ • **ind** _pre_ desenez, desenezi, desenează, desenăm, desenați, desenează _imp_ desenam, desenai, desena, desenam, desenați, desenau _prt_ desenai, desenași, desenă, desenarăm, desenarăți, desenară _plu_ desenasem, desenaseși, desenase, desenaserăm, desenaserăți, desenaseră • **sub** _pre_ să desenez, să desenezi, să deseneze, să desenăm, să desenați, să deseneze • **imp** _aff_ -, desenează, -, -, desenați, - _neg_ -, nu desena, -, -, nu desenați, - • **inf** a desena • **ger** desenând • **pp** desenat

desface /undo, open/ • **ind** _pre_ desfac, desfaci, desface, desfacem, desfaceți, desfac _imp_ desfăceam, desfăceai, desfăcea, desfăceam, desfăceați, desfăceau _prt_ desfăcui, desfăcuși, desfăcu, desfăcurăm, desfăcurăți, desfăcură _plu_ desfăcusem, desfăcuseși, desfăcuse, desfăcuserăm, desfăcuserăți, desfăcuseră • **sub** _pre_ să desfac, să desfaci, să desfacă, să desfacem, să desfaceți, să desfacă • **imp** _aff_ -, desfă, -, -, desfaceți, - _neg_ -, nu desface, -, -, nu desfaceți, - • **inf** a desface • **ger** desfăcând • **pp** desfăcut

desprinde /detach, unfasten/ • **ind** _pre_ desprind, desprinzi, desprinde, desprindem, desprindeți, desprind _imp_ desprindeam, desprindeai, desprindea, desprindeam, desprindeați, desprindeau _prt_ desprinsei, desprinseși, desprinse, desprinserăm, desprinserăți, desprinseră *plu* desprinsesem, desprinseseși, desprinsese, desprinseserăm, desprinseserăți, desprinseseră • **sub** *pre* să desprind, să desprinzi, să desprindă, să desprindem, să desprindeți, să desprindă • **imp** *aff* -, desprinde, -, -, desprindeți, - *neg* -, nu desprinde, -, -, nu desprindeți, - • **inf** a desprinde • **ger** desprinzând • **pp** desprins

deveni /become/ • **ind** *pre* devin, devii, devine, devenim, deveniți, devin *imp* deveneam, deveneai, devenea, deveneam, deveneați, deveneau *prt* devenii, deveniși, deveni, deveniram, deveniraţi, deveniră *plu* devenisem, deveniseși, devenise, deveniserăm, deveniserăți, deveniseră • **sub** *pre* să devin, să devii, să devină, să devenim, să deveniți, să devină • **imp** *aff* -, devino, -, -, deveniți, - *neg* -, nu deveni, -, -, nu deveniți, - • **inf** a deveni • **ger** devenind • **pp** devenit

dezgropa /dig up, unearth/ • **ind** *pre* dezgrop, dezgropi, dezgroapă, dezgropăm, dezgropați, dezgroapă *imp* dezgropam, dezgropai, dezgropa, dezgropam, dezgropați, dezgropau *prt* dezgropai, dezgropași, dezgropă, dezgroparăm, dezgroparăți, dezgropară *plu* dezgropasem, dezgropaseși, dezgropase, dezgropaserăm, dezgropaserăți, dezgropaseră • **sub** *pre* să dezgrop, să dezgropi, să dezgroape, să dezgropăm, să dezgropați, să dezgroape • **imp** *aff* -, dezgroapă, -, -, dezgropați, - *neg* -, nu dezgropa, -, -, nu dezgropați, - • **inf** a dezgropa • **ger** dezgropând • **pp** dezgropat

dezlega /untie, unbind/ • **ind** *pre* dezleg, dezlegi, dezleagă, dezlegăm, dezlegați, dezleagă *imp* dezlegam, dezlegai, dezlega, dezlegam, dezlegați, dezlegau *prt* dezlegai, dezlegași, dezlegă, dezlegarăm, dezlegarăți, dezlegară *plu* dezlegasem, dezlegaseși, dezlegase, dezlegaserăm, dezlegaserăți, dezlegaseră • **sub** *pre* să dezleg, să dezlegi, să dezlege, să dezlegăm, să dezlegați, să dezlege • **imp** *aff* -, dezleagă, -, -, dezlegați, - *neg* -, nu dezlega, -, -, nu dezlegați, - • **inf** a dezlega • **ger** dezlegând • **pp** dezlegat

dezvolta /develop, evolve/ • **ind** *pre* dezvolt, dezvolți, dezvoltă, dezvoltăm, dezvoltați, dezvoltă *imp* dezvoltam, dezvoltai, dezvolta, dezvoltam, dezvoltați, dezvoltau *prt* dezvoltai, dezvoltași, dezvoltă, dezvoltarăm, dezvoltarăți, dezvoltară *plu* dezvoltasem, dezvoltaseși, dezvoltase, dezvoltaserăm, dezvoltaserăți, dezvoltaseră • **sub** *pre* să dezvolt, să dezvolți, să dezvolte, să dezvoltăm, să dezvoltați, să dezvolte • imp *aff* -, dezvoltă, -, -, dezvoltați, - *neg* -, nu dezvolta, -, -, nu dezvoltați, - • inf a dezvolta • **ger** dezvoltând • **pp** dezvoltat

dicta /dictate/ • ind *pre* dictez, dictezi, dictează, dictăm, dictați, dictează *imp* dictam, dictai, dicta, dictam, dictați, dictau *prt* dictai, dictași, dictă, dictarăm, dictarăți, dictară *plu* dictasem, dictaseși, dictase, dictaserăm, dictaserăți, dictaseră • **sub** *pre* să dictez, să dictezi, să dicteze, să dictăm, să dictați, să dicteze • imp *aff* -, dictează, -, -, dictați, - *neg* -, nu dicta, -, -, nu dictați, - • inf a dicta • **ger** dictând • **pp** dictat

diminua /diminish, lessen/ • ind *pre* diminuez, diminuezi, diminuează, diminuăm, diminuați, diminuează *imp* diminuam, diminuai, diminua, diminuam, diminuați, diminuau *prt* diminuai, diminuași, diminuă, diminuarăm, diminuarăți, diminuară *plu* diminuasem, diminuaseși, diminuase, diminuaserăm, diminuaserăți, diminuaseră • **sub** *pre* să diminuez, să diminuezi, să diminueze, să diminuăm, să diminuați, să diminueze • imp *aff* -, diminuează, -, -, diminuați, - *neg* -, nu diminua, -, -, nu diminuați, - • inf a diminua • **ger** diminuând • **pp** diminuat

dirija /conduct, lead/ • ind *pre* dirijez, dirijezi, dirijează, dirijăm, dirijați, dirijează *imp* dirijam, dirijai, dirija, dirijam, dirijați, dirijau *prt* dirijai, dirijași, dirijă, dirijarăm, dirijarăți, dirijară *plu* dirijasem, dirijaseși, dirijase, dirijaserăm, dirijaserăți, dirijaseră • **sub** *pre* să dirijez, să dirijezi, să dirijeze, să dirijăm, să dirijați, să dirijeze • imp *aff* -, dirijează, -, -, dirijați, - *neg* -, nu dirija, -, -, nu dirijați, - • inf a dirija • **ger** dirijând • **pp** dirijat

discuta /discuss, speak/ • ind *pre* discut, discuți, discută, discutăm, discutați, discută *imp* discutam, discutai, discuta, discutam, discutați, discutau *prt* discutai, discutași, discută, discutarăm, discutarăți, discutară *plu* discutasem, discutaseși, discutase, discutaserăm, discutaserăți, discutaseră • **sub** *pre* să discut, să discuți, să discute, să discutăm, să discutați, să discute • imp *aff* -, discută, -, -, discutați, - *neg* -, nu discuta, -, -, nu discutați, - • inf a discuta • **ger** discutând • **pp** discutat

dispune /arrange, order/ • ind *pre* dispun, dispui, dispune, dispunem, dispuneți, dispun *imp* dispuneam, dispuneai, dispunea, dispuneam, dispuneați, dispuneau *prt* dispusei, dispuseși,

distinge, distingem, distingeți, disting *imp* distingeam, distingeai, distingea, distingeam, distingeați, distingeau *prt* distinsei, distinseși, distinse, distinserăm, distinserăți, distinseră *plu* distinsesem, distinseseși, distinsese, distinseserăm, distinseserăți, distinseseră • **sub** *pre* să disting, să distingi, să distingă, să distingem, să distingeți, să distingă • **imp** *aff* -, distinge, -, -, distingeți, - *neg* -, nu distinge, -, -, nu distingeți, - • **inf** a distinge • **ger** distingând • **pp** distins

distra /entertain, amuse/ • **ind** *pre* distrez, distrezi, distrează, distrăm, distrați, distrează *imp* distram, distrai, distra, distram, distrați, distrau *prt* distrai, distrași, distră, distrarăm, distrarăți, distrară *plu* distrasem, distraseși, distrase, distraserăm, distraserăți, distraseră • **sub** *pre* să distrez, să distrezi, să distreze, să distrăm, să distrați, să distreze • **imp** *aff* -, distrează, -, -, distrați, - *neg* -, nu distra, -, -, nu distrați, - • **inf** a distra • **ger** distrând • **pp** distrat

distrage /divert, divert attention from/ • **ind** *pre* distrag, distragi, distrage, distragem, distrageți, distrag *imp* distrageam, distrageai, distragea, distrageam, distrageați, distrageau *prt* distrasei, distraseși, distrase, distraserăm, distraserăți, distraseră *plu* distrasesem, distraseseși, distrasese, distraseserăm, distraseserăți, distraseseră • **sub** *pre* să distrag, să distragi, să distragă, să distragem, să distrageți, să distragă • **imp** *aff* -, distrage, -, -, distrageți, - *neg* -, nu distrage, -, -, nu distrageți, - • **inf** a distrage • **ger** distragând • **pp** distras

distruge /destroy/ • **ind** *pre* distrug, distrugi, distruge, distrugem, distrugeți, distrug *imp* distrugeam, distrugeai, distrugea, distrugeam, distrugeați, distrugeau *prt* distrusei, distruseși, distruse, distruserăm, distruserăți, distruseră *plu* distrusesem, distruseseși, distrusese, distruseserăm, distruseserăți, distruseseră • **sub** *pre* să distrug, să distrugi, să distrugă, să distrugem, să distrugeți, să distrugă • **imp** *aff* -, distruge, -, -, distrugeți, -

neg -, nu distruge, -, -, nu distrugeți, - • **inf** a distruge • **ger** distrugând • **pp** distrus

dizolva /dissolve/ • **ind** *pre* dizolv, dizolvi, dizolvă, dizolvăm, dizolvați, dizolvă *imp* dizolvam, dizolvai, dizolva, dizolvam, dizolvați, dizolvau *prt* dizolvai, dizolvași, dizolvă, dizolvarăm, dizolvarăți, dizolvară *plu* dizolvasem, dizolvaseși, dizolvase, dizolvaserăm, dizolvaserăți, dizolvaseră • **sub** *pre* să dizolv, să dizolvi, să dizolve, să dizolvăm, să dizolvați, să dizolve • **imp** *aff* -, dizolvă, -, -, dizolvați, - *neg* -, nu dizolva, -, -, nu dizolvați, - • **inf** a dizolva • **ger** dizolvând • **pp** dizolvat

domina /dominate/ • **ind** *pre* domin, domini, domină, dominăm, dominați, domină *imp* dominam, dominai, domina, dominam, dominați, dominau *prt* dominai, dominași, domină, dominarăm, dominarăți, dominară *plu* dominasem, dominaseși, dominase, dominaserăm, dominaserăți, dominaseră • **sub** *pre* să domin, să domini, să domine, să dominăm, să dominați, să domine • **imp** *aff* -, domină, -, -, dominați, - *neg* -, nu domina, -, -, nu dominați, - • **inf** a domina • **ger** dominând • **pp** dominat

dona /donate/ • **ind** *pre* donez, donezi, donează, donăm, donați, donează *imp* donam, donai, dona, donam, donați, donau *prt* donai, donași, donă, donarăm, donarăți, donară *plu* donasem, donaseși, donase, donaserăm, donaserăți, donaseră • **sub** *pre* să donez, să donezi, să doneze, să donăm, să donați, să doneze • **imp** *aff* -, donează, -, -, donați, - *neg* -, nu dona, -, -, nu donați, - • **inf** a dona • **ger** donând • **pp** donat

dori /desire, want/ • **ind** *pre* doresc, dorești, dorește, dorim, doriți, doresc *imp* doream, doreai, dorea, doream, doreați, doreau *prt* dorii, doriși, dori, dorirăm, dorirăți, doriră *plu* dorisem, doriseși, dorise, doriserăm, doriserăți, doriseră • **sub** *pre* să doresc, să dorești, să dorească, să dorim, să doriți, să dorească • **imp** *aff* -, dorește, -, -, doriți, - *neg* -, nu dori, -, -, nu doriți, - • **inf** a dori • **ger** dorind • **pp** dorit

dormi /sleep/ • **ind** *pre* dorm, dormi, doarme, dormim, dormiți, dorm *imp* dormeam, dormeai, dormea, dormeam, dormeați, dormeau *prt* dormii, dormiși, dormi, dormirăm, dormirăți, dormiră *plu* dormisem, dormiseși, dormise, dormiserăm, dormiserăți, dormiseră • **sub** *pre* să dorm, să dormi, să doarmă, să dormim, să dormiți, să doarmă • **imp** *aff* -, doarme, -, -, dormiți, - _neg_ -, nu dormi, -, -, nu dormiți, - • **inf** a dormi • **ger** dormind • **pp** dormit

dovedi /prove, demonstrate/ • **ind** _pre_ dovedesc, dovedești, dovedește, dovedim, dovediți, dovedesc _imp_ dovedeam, dovedeai, dovedea, dovedeam, dovedeați, dovedeau _prt_ dovedii, dovediși, dovedi, dovedirăm, dovedirăți, dovediră _plu_ dovedisem, dovediseși, dovedise, dovediserăm, dovediserăți, dovediseră • **sub** _pre_ să dovedesc, să dovedești, să dovedească, să dovedim, să dovediți, să dovedească • **imp** _aff_ -, dovedește, -, -, dovediți, - _neg_ -, nu dovedi, -, -, nu dovediți, - • **inf** a dovedi • **ger** dovedind • **pp** dovedit

drege /mend, repair/ • **ind** _pre_ dreg, dregi, drege, dregem, dregeți, dreg _imp_ dregeam, dregeai, dregea, dregeam, dregeați, dregeau _prt_ dresei, dreseși, drese, dreserăm, dreserăți, dreseră _plu_ dresesem, dreseseși, dresese, dreseserăm, dreseserăți, dreseseră • **sub** _pre_ să dreg, să dregi, să dreagă, să dregem, să dregeți, să dreagă • **imp** _aff_ -, drege, -, -, dregeți, - _neg_ -, nu drege, -, -, nu dregeți, - • **inf** a drege • **ger** dregând • **pp** dres

dubla /double/ • **ind** _pre_ dublez, dublezi, dublează, dublăm, dublați, dublează _imp_ dublam, dublai, dubla, dublam, dublați, dublau _prt_ dublai, dublași, dublă, dublarăm, dublarăți, dublară _plu_ dublasem, dublaseși, dublase, dublaserăm, dublaserăți, dublaseră • **sub** _pre_ să dublez, să dublezi, să dubleze, să dublăm, să dublați, să dubleze • **imp** _aff_ -, dublează, -, -, dublați, - _neg_ -, nu dubla, -, -, nu dublați, - • **inf** a dubla • **ger** dublând • **pp** dublat

durea /hurt, ache/ • **ind** _pre_ —, —, doare, —, —, — _imp_ —, —, durea, —, —, — _prt_ —, —, duru, —, —, — _plu_ —, —, duruse, —, —, — • **sub** _pre_ —, —, să doară, —, —, — • **imp** _aff_ — _neg_ — • **inf** a durea • **ger** durând • **pp** durut

E

echilibra /balance, equilibrate/ • **ind** _pre_ echilibrez, echilibrezi, echilibrează, echilibrăm, echilibrați, echilibrează _imp_ echilibram, echilibrai, echilibra, echilibram, echilibrați, echilibrau *prt* echilibrai, echilibraşi, echilibră, echilibrarăm, echilibrarăţi, echilibrară *plu* echilibrasem, echilibraseşi, echilibrase, echilibraserăm, echilibraserăţi, echilibraseră • **sub** *pre* să echilibrez, să echilibrezi, să echilibreze, să echilibrăm, să echilibraţi, să echilibreze • **imp** *aff* -, echilibrează, -, -, echilibraţi, - *neg* -, nu echilibra, -, -, nu echilibraţi, - • **inf** a echilibra • **ger** echilibrând • **pp** echilibrat

elibera /free, liberate/ • **ind** *pre* eliberez, eliberezi, eliberează, eliberăm, eliberaţi, eliberează *imp* eliberam, eliberai, elibera, eliberam, eliberaţi, eliberau *prt* eliberai, eliberaşi, eliberă, eliberarăm, eliberarăţi, eliberară *plu* eliberasem, eliberaseşi, eliberase, eliberaserăm, eliberaserăţi, eliberaseră • **sub** *pre* să eliberez, să eliberezi, să elibereze, să eliberăm, să eliberaţi, să elibereze • **imp** *aff* -, eliberează, -, -, eliberaţi, - *neg* -, nu elibera, -, -, nu eliberaţi, - • **inf** a elibera • **ger** eliberând • **pp** eliberat

elimina /eliminate/ • **ind** *pre* elimin, elimini, elimină, eliminăm, eliminaţi, elimină *imp* eliminam, eliminai, elimina, eliminam, eliminaţi, eliminau *prt* eliminai, eliminaşi, elimină, eliminarăm, eliminarăţi, eliminară *plu* eliminasem, eliminaseşi, eliminase, eliminaserăm, eliminaserăţi, eliminaseră • **sub** *pre* să elimin, să elimini, să elimine, să eliminăm, să eliminaţi, să elimine • **imp** *aff* -, elimină, -, -, eliminaţi, - *neg* -, nu elimina, -, -, nu eliminaţi, - • **inf** a elimina • **ger** eliminând • **pp** eliminat

estima /estimate/ • **ind** *pre* estimez, estimezi, estimează, estimăm, estimaţi, estimează *imp* estimam, estimai, estima, estimam, estimaţi, estimau *prt* estimai, estimaşi, estimă, estimarăm, estimarăţi, estimară *plu* estimasem, estimaseşi, estimase, estimaserăm, estimaserăţi, estimaseră • **sub** *pre* să estimez, să estimezi, să estimeze, să estimăm, să estimaţi, să estimeze • **imp** *aff* -, estimează, -, -, estimaţi, - *neg* -, nu estima, -, -, nu estimaţi, - • **inf** a estima • **ger** estimând • **pp** estimat

evolua /evolve/ • **ind** *pre* evoluez, evoluezi, evoluează, evoluăm, evoluaţi, evoluează *imp* evoluam, evoluai, evolua, evoluam, evoluaţi, evoluau *prt* evoluai, evoluaşi, evoluă, evoluarăm, evoluarăţi, evoluară *plu* evoluasem, evoluaseşi, evoluase, evoluaserăm, evoluaserăţi, evoluaseră • **sub** *pre* să evoluez, să evoluezi, să evolueze, să evoluăm, să evoluaţi, să evolueze • **imp** *aff* -, evoluează, -, -, evoluaţi, - *neg* -, nu evolua, -, -, nu evoluați, - • **inf** a evolua • **ger** evoluând • **pp** evoluat

exagera /exaggerate/ • **ind** _pre_ exagerez, exagerezi, exagerează, exagerăm, exagerați, exagerează _imp_ exageram, exagerai, exagera, exageram, exagerați, exagerau _prt_ exagerai, exagerași, exageră, exagerarăm, exageraarăți, exagerară _plu_ exagerasem, exageraseși, exagerase, exageraserăm, exageraserăți, exageraseră • **sub** _pre_ să exagerez, să exagerezi, să exagereze, să exagerăm, să exagerați, să exagereze • **imp** _aff_ -, exagerează, -, -, exagerați, - _neg_ -, nu exagera, -, -, nu exagerați, - • **inf** a exagera • **ger** exagerând • **pp** exagerat

excita /excite, arouse/ • **ind** _pre_ excit, exciți, excită, excităm, excitați, excită _imp_ excitam, excitai, excita, excitam, excitați, excitau _prt_ excitai, excitași, excită, excitarăm, excitarăți, excitară _plu_ excitasem, excitaseși, excitase, excitaserăm, excitaserăți, excitaseră • **sub** _pre_ să excit, să exciți, să excite, să excităm, să excitați, să excite • **imp** _aff_ -, excită, -, -, excitați, - _neg_ -, nu excita, -, -, nu excitați, - • **inf** a excita • **ger** excitând • **pp** excitat

exista /exist/ • **ind** _pre_ exist, exiști, există, existăm, existați, există _imp_ existam, existai, exista, existam, existați, existau _prt_ existai, existași, există, existarăm, existarăți, existară _plu_ existasem, existaseși, existase, existaserăm, existaserăți, existaseră • **sub** _pre_ să exist, să exiști, să existe, să existăm, să existați, să existe • **imp** _aff_ -, există, -, -, existați, - _neg_ -, nu exista, -, -, nu existați, - • **inf** a exista • **ger** existând • **pp** existat

explica /explain/ • **ind** _pre_ explic, explici, explică, explicăm, explicați, explică _imp_ explicam, explicai, explica, explicam, explicați, explicau _prt_ explicai, explicași, explică, explicarăm, explicarăți, explicară _plu_ explicasem, explicaseși, explicase, explicaserăm, explicaserăți, explicaseră • **sub** _pre_ să explic, să explici, să explice, să explicăm, să explicați, să explice • **imp** _aff_ -, explică, -, -, explicați, - _neg_ -, nu explica, -, -, nu explicați, - • **inf** a explica • **ger** explicând • **pp** explicat

extinde /extend/ • **ind** _pre_ extind, extinzi, extinde, extindem, extindeți, extind _imp_ extindeam, extindeai, extindea, extindeam, extindeați, extindeau _prt_ extinsei, extinseși, extinse, extinserăm, extinserăți, extinseră _plu_ extinsesem, extinseseși, extinsese, extinseserăm, extinseserăți, extinseseră • **sub** _pre_ să extind, să extinzi, să extindă, să extindem, să extindeți, să extindă • **imp** *aff* -, extinde, -, -, extindeți, - *neg* -, nu extinde, -, -, nu extindeți, - • **inf** a extinde • **ger** extinzând • **pp** extins

extrage /extract/ • **ind** *pre* extrag, extragi, extrage, extragem, extrageți, extrag *imp* extrageam, extrageai, extragea, extrageam, extrageați, extrageau *prt* extrasei, extraseși, extrase, extraserăm, extraserăți, extraseră *plu* extrasesem, extraseseși, extrasese, extraseserăm, extraseserăți, extraseseră • **sub** *pre* să extrag, să extragi, să extragă, să extragem, să extrageți, să extragă • **imp** *aff* -, extrage, -, -, extrageți, - *neg* -, nu extrage, -, -, nu extrageți, - • **inf** a extrage • **ger** extragând • **pp** extras

ezita /hesitate, waver/ • **ind** *pre* ezit, eziți, ezită, ezităm, eziți, ezită *imp* ezitam, ezitai, ezita, ezitam, ezitați, ezitau *prt* ezitai, ezitași, ezită, ezitarăm, ezitarăți, ezitară *plu* ezitasem, ezitaseși, ezitase, ezitaserăm, ezitaserăți, ezitaseră • **sub** *pre* să ezit, să eziți, să ezite, să ezităm, să eziți, să ezite • **imp** *aff* -, ezită, -, -, eziți, - *neg* -, nu ezita, -, -, nu eziți, - • **inf** a ezita • **ger** ezitând • **pp** ezitat

F

face /do, make/ • **ind** *pre* fac, faci, face, facem, faceți, fac *imp* făceam, făceai, făcea, făceam, făceați, făceau *prt* făcui, făcuși, făcu, făcurăm, făcurăți, făcură *plu* făcusem, făcuseși, făcuse, făcuserăm, făcuserăți, făcuseră • **sub** *pre* să fac, să faci, să facă, să facem, să faceți, să facă • **imp** *aff* -, fă, -, -, faceți, - *neg* -, nu face, -, -, nu faceți, - • **inf** a face • **ger** făcând • **pp** făcut

feri /guard from, fend/ • **ind** *pre* feresc, ferești, ferește, ferim, feriți, feresc *imp* fieream, fereai, ferea, fieream, fereați, fereau *prt* ferii, feriși, feri, ferirăm, ferirăți, feriră *plu* ferisem, feriseși, ferise, feriserăm, feriserăți, feriseră • **sub** *pre* să feresc, să ferești, să ferească, să ferim, să feriți, să ferească • **imp** *aff* -, ferește, -, -, feriți, - *neg* -, nu feri, -, -, nu feriți, - • **inf** a feri • **ger** ferind • **pp** ferit

fi /be/ • **ind** *pre* sunt, ești, este e, suntem, sunteți, sunt *imp* eram, erai, era, eram, erați, erau *prt* fusei fui, fuseși fuși, fuse fu, fuserăm furăm, fuserăți furăți, fuseră fură *plu* fusesem, fuseseși, fusese, fuseserăm, fuseserăți, fuseseră • **sub** *pre* să fiu, să fii, să fie, să fim, să fiți, să fie • **imp** *aff* -, fii, -, -, fiți, - *neg* -, nu fi, -, -, nu fiți, - • **inf** a fi • **ger** fiind • **pp** fost

fierbe /simmer/ • **ind** *pre* fierb, fierbi, fierbe, fierbem, fierbeți, fierb *imp* fierbeam, fierbeai, fierbea, fierbeam, fierbeați, fierbeau *prt* fiersei, fierseși, fierse, fierserăm, fierserăți, fierseră *plu* fiersesem, fierseseși, fiersese, fierseserăm, fierseserăți, fierseseră • **sub** *pre* să fierb, să fierbi, să fiarbă, să fierbem, să fierbeți, să fiarbă • **imp** *aff* -, fierbe, -, -, fierbeți, - *neg* -, nu fierbe, -, -, nu fierbeți, - • **inf** a fierbe • **ger** fierbând • **pp** fiert

fixa /fix/ • **ind** *pre* fixez, fixezi, fixează, fixăm, fixați, fixează *imp* fixam, fixai, fixa, fixam, fixați, fixau *prt* fixai, fixași, fixă, fixarăm, fixarăți, fixară *plu* fixasem, fixaseși, fixase, fixaserăm, fixaserăți, fixaseră • **sub** *pre* să fixez, să fixezi, să fixeze, să fixăm, să fixați, să fixeze • **imp** *aff* -, fixează, -, -, fixați, - *neg* -, nu fixa, -, -, nu fixați, - • **inf** a fixa • **ger** fixând • **pp** fixat

fluiera /whistle/ • **ind** *pre* fluier, fluieri, fluieră, fluierăm, fluierați, fluieră *imp* fluieram, fluierai, fluiera, fluieram, fluierați, fluierau *prt* fluierai, fluierași, fluieră, fluierarăm, fluierarăți, fluierară *plu* fluierasem, fluieraseși, fluierase, fluieraserăm, fluieraserăți, fluieraseră • **sub** *pre* să fluier, să fluieri, să fluiere, să fluierăm, să fluierați, să fluiere • **imp** *aff* -, fluieră, -, -, fluierați, - *neg* -, nu fluiera, -, -, nu fluierați, - • **inf** a fluiera • **ger** fluierând • **pp** fluierat

flutura /flutter, float/ • **ind** *pre* flutur, fluturi, flutură, fluturăm, fluturați, flutură *imp* fluturam, fluturai, flutura, fluturam, fluturați, fluturau *prt* fluturai, fluturași, flutură, fluturarăm, fluturarăți, fluturară *plu* fluturasem, fluturaseși, fluturase, fluturaserăm, fluturaserăți, fluturaseră • **sub** *pre* să flutur, să fluturi, să fluture, să fluturăm, să fluturați, să fluture • **imp** *aff* -, flutură, -, -, fluturați, - *neg* -, nu flutura, -, -, nu fluturați, - • **inf** a flutura • **ger** fluturând • **pp** fluturat

folosi /use, employ/ • **ind** *pre* folosesc, folosești, folosește, folosim, folosiți, folosesc *imp* foloseam, foloseai, folosea, foloseam, foloseați, foloseau *prt* folosii, folosiși, folosi, folosirăm, folosirăți, folosiră *plu* folosisem, folosiseși, folosise, folosiserăm, folosiserăți, folosiseră • sub *pre* să folosesc, să folosești, să folosească, să folosim, să folosiți, să folosească • imp *aff* -, folosește, -, -, folosiți, - *neg* -, nu folosi, -, -, nu folosiți, - • inf a folosi • ger folosind • pp folosit

fractura /fracture/ • ind *pre* fracturez, fracturezi, fracturează, fracturăm, fracturați, fracturează *imp* fracturam, fracturai, fractura, fracturam, fracturați, fracturau *prt* fracturai, fracturași, fractură, fracturarăm, fracturarăți, fracturară *plu* fracturasem, fracturaseși, fracturase, fracturaserăm, fracturaserăți, fracturaseră • sub *pre* să fracturez, să fracturezi, să fractureze, să fracturăm, să fracturați, să fractureze • imp *aff* -, fracturează, -, -, fracturați, - *neg* -, nu fractura, -, -, nu fracturați, - • inf a fractura • ger fracturând • pp fracturat

frauda /defraud/ • ind *pre* fraudez, fraudezi, fraudează, fraudăm, fraudați, fraudează *imp* fraudam, fraudai, frauda, fraudam, fraudați, fraudau *prt* fraudai, fraudași, fraudă, fraudarăm, fraudarăți, fraudară *plu* fraudasem, fraudaseși, fraudase, fraudaserăm, fraudaserăți, fraudaseră • sub *pre* să fraudez, să fraudezi, să fraudeze, să fraudăm, să fraudați, să fraudeze • imp *aff* -, fraudează, -, -, fraudați, - *neg* -, nu frauda, -, -, nu fraudați, - • inf a frauda • ger fraudând • pp fraudat

freca /rub/ • ind *pre* frec, freci, freacă, frecăm, frecați, freacă *imp* frecam, frecai, freca, frecam, frecați, frecau *prt* frecai, frecași, frecă, frecarăm, frecarăți, frecară *plu* frecasem, frecaseși, frecase, frecaserăm, frecaserăți, frecaseră • sub *pre* să frec, să freci, să frece, să frecăm, să frecați, să frece • imp *aff* -, freacă, -, -, frecați, - *neg* -, nu freca, -, -, nu frecați, - • inf a freca • ger frecând • pp frecat

frige /roast, fry/ • ind *pre* frig, frigi, frige, frigem, frigeți, frig *imp* frigeam, frigeai, frigea, frigeam, frigeați, frigeau *prt* fripsei, fripseși, fripse, fripserăm, fripserăți, fripseră *plu* fripsesem, fripseseși, fripsese, fripseserăm, fripseserăți, fripseseră • sub *pre* să frig, să frigi, să frigă, să frigem, să frigeți, să frigă • imp *aff* -, frige, -, -, frigeți, - *neg* -, nu frige, -, -, nu frigeți, - • inf a frige • ger frigând • pp fript

fugi /run, flee/ • ind *pre* fug, fugi, fuge, fugim, fugiți, fug *imp* fugeam, fugeai, fugea, fugeam, fugeați, fugeau *prt* fugii, fugiși, fugi, fugirăm, fugirăți, fugiră *plu* fugisem, fugiseși, fugise, fugiserăm, fugiserăți, fugiseră • **sub** *pre* să fug, să fugi, să fugă, să fugim, să fugiți, să fugă • **imp** *aff* -, fugi, -, -, fugiți, - *neg* -, nu fugi, -, -, nu fugiți, - • **inf** a fugi • **ger** fugind • **pp** fugit

fuma /smoke, tosmoke/ • **ind** *pre* fumez, fumezi, fumează, fumăm, fumați, fumează *imp* fumam, fumai, fuma, fumam, fumați, fumau *prt* fumai, fumași, fumă, fumarăm, fumarăți, fumară *plu* fumasem, fumaseși, fumase, fumaserăm, fumaserăți, fumaseră • **sub** *pre* să fumez, să fumezi, să fumeze, să fumăm, să fumați, să fumeze • **imp** *aff* -, fumează, -, -, fumați, - *neg* -, nu fuma, -, -, nu fumați, - • **inf** a fuma • **ger** fumând • **pp** fumat

fura /steal/ • **ind** *pre* fur, furi, fură, furăm, furați, fură *imp* furam, furai, fura, furam, furați, furau *prt* furai, furași, fură, furarăm, furarăți, furară *plu* furasem, furaseși, furase, furaserăm, furaserăți, furaseră • **sub** *pre* să fur, să furi, să fure, să furăm, să furați, să fure • **imp** *aff* -, fură, -, -, furați, - *neg* -, nu fura, -, -, nu furați, - • **inf** a fura • **ger** furând • **pp** furat

furnica /swarm/ • **ind** *pre* furnic, furnici, furnică, furnicăm, furnicați, furnică *imp* furnicam, furnicai, furnica, furnicam, furnicați, furnicau *prt* furnicai, furnicași, furnică, furnicarăm, furnicarăți, furnicară *plu* furnicasem, furnicaseși, furnicase, furnicaserăm, furnicaserăți, furnicaseră • **sub** *pre* să furnic, să furnici, să furnice, să furnicăm, să furnicați, să furnice • **imp** *aff* -, furnică, -, -, furnicați, - *neg* -, nu furnica, -, -, nu furnicați, - • **inf** a furnica • **ger** furnicând • **pp** furnicat

fute /fuck, annoy/ • **ind** *pre* fut, fuți, fute, futem, futeți, fut *imp* futeam, futeai, futea, futeam, futeați, futeau *prt* futui, futuși, futu, futurăm, futurăți, futură *plu* futusem, futuseși, futuse, futuserăm, futuserăți, futuseră • **sub** *pre* să fut, să fuți, să fută, să futem, să futeți, să fută • **imp** *aff* -, fute, -, -, futeți, - *neg* -, nu fute, -, -, nu futeți, - • **inf** a fute • **ger** futând • **pp** futut

G

gaza /gas/ • **ind** *pre* gazez, gazezi, gazează, gazăm, gazați, gazează *imp* gazam, gazai, gaza, gazam, gazați, gazau *prt* gazai, gazași, gază, gazarăm, gazarăți, gazară *plu* gazasem, gazaseși, gazase, gazaserăm, gazaserăți, gazaseră • **sub** *pre* să gazez, să gazezi, să gazeze, să gazăm, să gazați, să gazeze • **imp** *aff* -, gazează, -, -, gazați, - *neg* -, nu gaza, -, -, nu gazați, - • **inf** a gaza • **ger** gazând • **pp** gazat

geme /groan, moan/ • **ind** *pre* gem, gemi, geme, gemem, gemeți, gem *imp* gemeam, gemeai, gemea, gemeam, gemeați, gemeau *prt* gemui, gemuși, gemu, gemurăm, gemurăți, gemură *plu* gemusem, gemuseși, gemuse, gemuserăm, gemuserăți, gemuseră • **sub** *pre* să gem, să gemi, să geamă, să gemem, să gemeți, să geamă • **imp** *aff* -, geme, -, -, gemeți, - *neg* -, nu geme, -, -, nu gemeți, - • **inf** a geme • **ger** gemând • **pp** gemut

ghici /guess, predict/ • **ind** *pre* ghicesc, ghicești, ghicește, ghicim, ghiciți, ghicesc *imp* ghiceam, ghiceai, ghicea, ghiceam, ghiceați, ghiceau *prt* ghicii, ghiciși, ghici, ghicirăm, ghicirăți, ghiciră *plu* ghicisem, ghiciseși, ghicise, ghiciserăm, ghiciserăți, ghiciseră • **sub** *pre* să ghicesc, să ghicești, să ghicească, să ghicim, să ghiciți, să ghicească • **imp** *aff* -, ghicește, -, -, ghiciți, - *neg* -, nu ghici, -, -, nu ghiciți, - • **inf** a ghici • **ger** ghicind • **pp** ghicit

ghida /guide/ • **ind** *pre* ghidez, ghidezi, ghidează, ghidăm, ghidați, ghidează *imp* ghidam, ghidai, ghida, ghidam, ghidați, ghidau *prt* ghidai, ghidași, ghidă, ghidarăm, ghidarăți, ghidară *plu* ghidasem, ghidaseși, ghidase, ghidaserăm, ghidaserăți, ghidaseră • **sub** *pre* să ghidez, să ghidezi, să ghideze, să ghidăm, să ghidați, să ghideze • **imp** *aff* -, ghidează, -, -, ghidați, - *neg* -, nu ghida, -, -, nu ghidați, - • **inf** a ghida • **ger** ghidând • **pp** ghidat

glumi /joke, jest/ • **ind** *pre* glumesc, glumești, glumește, glumim, glumiți, glumesc *imp* glumeam, glumeai, glumea, glumeam, glumeați, glumeau *prt* glumii, glumiși, glumi, glumirăm, glumirăți, glumiră *plu* glumisem, glumiseși, glumise, glumiserăm, glumiserăți, glumiseră • **sub** *pre* să glumesc, să glumești, să glumească, să glumim, să glumiți, să glumească • **imp** *aff* -, glumește, -, -, glumiți, - *neg* -, nu glumi, -, -, nu glumiți, - • **inf** a glumi • **ger** glumind • **pp** glumit

goli /empty/ • **ind** *pre* golesc, goleşti, goleşte, golim, goliţi, golesc *imp* goleam, goleai, golea, goleam, goleaţi, goleau *prt* golii, golişi, goli, golirăm, golirăţi, goliră *plu* golisem, goliseşi, golise, goliserăm, goliserăţi, goliseră • **sub** *pre* să golesc, să goleşti, să golească, să golim, să goliţi, să golească • **imp** *aff* -, goleşte, -, -, goliţi, - *neg* -, nu goli, -, -, nu goliţi, - • **inf** a goli • **ger** golind • **pp** golit

gusta /taste, enjoy/ • **ind** *pre* gust, guşti, gustă, gustăm, gustaţi, gustă *imp* gustam, gustai, gusta, gustam, gustaţi, gustau *prt* gustai, gustaşi, gustă, gustarăm, gustarăţi, gustară *plu* gustasem, gustaseşi, gustase, gustaserăm, gustaserăţi, gustaseră • **sub** *pre* să gust, să guşti, să guste, să gustăm, să gustaţi, să guste • **imp** *aff* -, gustă, -, -, gustaţi, - *neg* -, nu gusta, -, -, nu gustaţi, - • **inf** a gusta • **ger** gustând • **pp** gustat

guverna /govern/ • **ind** *pre* guvernez, guvernezi, guvernează, guvernăm, guvernaţi, guvernează *imp* guvernam, guvernai, guverna, guvernam, guvernaţi, guvernau *prt* guvernai, guvernaşi, guvernă, guvernarăm, guvernarăţi, guvernară *plu* guvernasem, guvernaseşi, guvernase, guvernaserăm, guvernaserăţi, guvernaseră • **sub** *pre* să guvernez, să guvernezi, să guverneze, să guvernăm, să guvernaţi, să guverneze • **imp** *aff* -, guvernează, -, -, guvernaţi, - *neg* -, nu guverna, -, -, nu guvernaţi, - • **inf** a guverna • **ger** guvernând • **pp** guvernat

H

holba /goggle, stare at/ • **ind** *pre* holbez, holbezi, holbează, holbăm, holbaţi, holbează *imp* holbam, holbai, holba, holbam, holbaţi, holbau *prt* holbai, holbaşi, holbă, holbarăm, holbarăţi, holbară *plu* holbasem, holbaseşi, holbase, holbaserăm, holbaserăţi, holbaseră • **sub** *pre* să holbez, să holbezi, să holbeze, să holbăm, să holbaţi, să holbeze • **imp** *aff* -, holbează, -, -, holbaţi, - *neg* -, nu holba, -, -, nu holbaţi, - • **inf** a holba • **ger** holbând • **pp** holbat

I

ieftini /cheapen, lower the price or value of/ • **ind** *pre* ieftinesc, ieftinești, ieftinește, ieftinim, ieftiniți, ieftinesc *imp* ieftineam, ieftineai, ieftinea, ieftineam, ieftineați, ieftineau *prt* ieftinii, ieftiniși, ieftini, ieftinirăm, ieftinirăți, ieftiniră *plu* ieftinisem, ieftiniseși, ieftinise, ieftiniserăm, ieftiniserăți, ieftiniseră • **sub** *pre* să ieftinesc, să ieftinești, să ieftinească, să ieftinim, să ieftiniți, să ieftinească • **imp** *aff* -, ieftinește, -, -, ieftiniți, - *neg* -, nu ieftini, -, -, nu ieftiniți, - • **inf** a ieftini • **ger** ieftinind • **pp** ieftinit

ierta /forgive/ • **ind** *pre* iert, ierți, iartă, iertăm, iertați, iartă *imp* iertam, iertai, ierta, iertam, iertați, iertau *prt* iertai, iertași, iertă, iertarăm, iertarăți, iertară *plu* iertasem, iertaseși, iertase, iertaserăm, iertaserăți, iertaseră • **sub** *pre* să iert, să ierți, să ierte, să iertăm, să iertați, să ierte • **imp** *aff* -, iartă, -, -, iertați, - *neg* -, nu ierta, -, -, nu iertați, - • **inf** a ierta • **ger** iertând • **pp** iertat

ignora /ignore/ • **ind** *pre* ignor, ignori, ignoră, ignorăm, ignorați, ignoră *imp* ignoram, ignorai, ignora, ignoram, ignorați, ignorau *prt* ignorai, ignorași, ignoră, ignorarăm, ignorarăți, ignorară *plu* ignorasem, ignoraseși, ignorase, ignoraserăm, ignoraserăți, ignoraseră • **sub** *pre* să ignor, să ignori, să ignore, să ignorăm, să ignorați, să ignore • **imp** *aff* -, ignoră, -, -, ignorați, - *neg* -, nu ignora, -, -, nu ignorați, - • **inf** a ignora • **ger** ignorând • **pp** ignorat

imagina /imagine/ • **ind** *pre* imaginez, imaginezi, imaginează, imaginăm, imaginați, imaginează *imp* imaginam, imaginai, imagina, imaginam, imaginați, imaginau *prt* imaginai, imaginași, imagină, imaginarăm, imaginarăți, imaginară *plu* imaginasem, imaginaseși, imaginase, imaginaserăm, imaginaserăți, imaginaseră • **sub** *pre* să imaginez, să imaginezi, să imagineze, să imaginăm, să imaginați, să imagineze • **imp** *aff* -, imaginează, -, -, imaginați, - *neg* -, nu imagina, -, -, nu imaginați, - • **inf** a imagina • **ger** imaginând • **pp** imaginat

implica /imply, implicate/ • **ind** *pre* implic, implici, implică, implicăm, implicați, implică *imp* implicam, implicai, implica, implicam, implicați, implicau *prt* implicai, implicași, implică, implicarăm, implicarăți, implicară *plu* implicasem, implicaseși, implicase, implicaserăm, implicaserăți, implicaseră • **sub** *pre* să implic, să implici, să implice, să implicăm, să implicați, să implice • **imp** *aff* -, implică, -, -, implicați, - *neg* -, nu implica, -, -, nu implicați, - • **inf** a implica • **ger** implicând • **pp** implicat

imprima /print/ • **ind** *pre* imprim, imprimi, imprimă, imprimăm, imprimați, imprimă *imp* imprimam, imprimai, imprima, imprimam, imprimați, imprimau *prt* imprimai, imprimași, imprimă, imprimarăm, imprimarăți, imprimară *plu* imprimasem, imprimasești, imprimase, imprimaserăm, imprimaserăți, imprimaseră • **sub** *pre* să imprim, să imprimi, să imprime, să imprimăm, să imprimați, să imprime • **imp** *aff* -, imprimă, -, -, imprimați, - *neg* -, nu imprima, -, -, nu imprimați, - • **inf** a imprima • **ger** imprimând • **pp** imprimat

impune /enforce, impose/ • **ind** *pre* impun, impui, impune, impunem, impuneți, impun *imp* impuneam, impuneai, impunea, impuneam, impuneați, impuneau *prt* impusei, impusești, impuse, impuserăm, impuserăți, impuseră *plu* impusesem, impusesești, impusese, impuseserăm, impuseserăți, impuseseră • **sub** *pre* să impun, să impui, să impună, să impunem, să impuneți, să impună • **imp** *aff* -, impune, -, -, impuneți, - *neg* -, nu impune, -, -, nu impuneți, - • **inf** a impune • **ger** impunând • **pp** impus

induce /induce, incite/ • **ind** *pre* induc, induci, induce, inducem, induceți, induc *imp* induceam, induceai, inducea, induceam, induceați, induceau *prt* indusei, indusești, induse, induserăm, induserăți, induseră *plu* indusesem, indusesești, indusese, induseserăm, induseserăți, induseseră • **sub** *pre* să induc, să induci, să inducă, să inducem, să induceți, să inducă • **imp** *aff* -, indu, -, -, induceți, - *neg* -, nu induce, -, -, nu induceți, - • **inf** a induce • **ger** inducând • **pp** indus

injecta /inject/ • **ind** *pre* injectez, injectezi, injectează, injectăm, injectați, injectează *imp* injectam, injectai, injecta, injectam, injectați, injectau *prt* injectai, injectași, injectă, injectarăm, injectarăți, injectară *plu* injectasem, injectasești, injectase, injectaserăm, injectaserăți, injectaseră • **sub** *pre* să injectez, să injectezi, să injecteze, să injectăm, să injectați, să injecteze • **imp** *aff* -, injectează, -, -, injectați, - *neg* -, nu injecta, -, -, nu injectați, - • **inf** a injecta • **ger** injectând • **pp** injectat

insista /insist/ • **ind** *pre* insistez, insistezi, insistează, insistăm, insistați, insistează *imp* insistam, insistai, insista, insistam, insistați, insistau *prt* insistai, insistași, insistă, insistarăm, insistarăți, insistară *plu* insistasem, insistaseși, insistase, insistaserăm, insistaserăți, insistaseră • **sub** *pre* să insistez, să insistezi, să insisteze, să insistăm, să insistați, să insisteze • **imp** *aff* -, insistează, -, -, insistați, - *neg* -, nu insista, -, -, nu insistați, - • **inf** a insista • **ger** insistând • **pp** insistat

insulta /insult, offend/ • **ind** *pre* insult, insulți, insultă, insultăm, insultați, insultă *imp* insultam, insultai, insulta, insultam, insultați, insultau *prt* insultai, insultași, insultă, insultarăm, insultarăți, insultară *plu* insultasem, insultaseși, insultase, insultaserăm, insultaserăți, insultaseră • **sub** *pre* să insult, să insulți, să insulte, să insultăm, să insultați, să insulte • **imp** *aff* -, insultă, -, -, insultați, - *neg* -, nu insulta, -, -, nu insultați, - • **inf** a insulta • **ger** insultând • **pp** insultat

intensifica /intensify/ • **ind** *pre* intensific, intensifici, intensifică, intensificăm, intensificați, intensifică *imp* intensificam, intensificai, intensifica, intensificam, intensificați, intensificau *prt* intensificai, intensificași, intensifică, intensificarăm, intensificarăți, intensificară *plu* intensificasem, intensificaseși, intensificase, intensificaserăm, intensificaserăți, intensificaseră • **sub** *pre* să intensific, să intensifici, să intensifice, să intensificăm, să intensificați, să intensifice • **imp** *aff* -, intensifică, -, -, intensificați, - *neg* -, nu intensifica, -, -, nu intensificați, - • **inf** a intensifica • **ger** intensificând • **pp** intensificat

interesa /interest/ • **ind** *pre* interesez, interesezi, interesează, interesăm, interesați, interesează *imp* interesam, interesai, interesa, interesam, interesați, interesau *prt* interesai, interesași, interesă, interesarăm, interesarăți, interesară *plu* interesasem, interesaseși, interesase, interesaserăm, interesaserăți, interesaseră • **sub** *pre* să interesez, să interesezi, să intereseze, să interesăm, să interesați, să intereseze • **imp** *aff* -, interesează, -, -, interesați, - *neg* -, nu interesa, -, -, nu interesați, - • **inf** a interesa • **ger** interesând • **pp** interesat

interveni /intervene, interfere/ • **ind** *pre* intervin, intervii, intervine, intervenim, interveniți, intervin *imp* interveneam, interveneai, intervenea, interveneam, interveneați, interveneau *prt* intervenii, intervenişi, interveni, intervenirăm, intervenirăți, interveniră *plu* intervenisem, interveniseși, intervenise, interveniserăm, interveniserăți, interveniseră • **sub** *pre* să intervin, să intervii, să intervină, să intervenim, să interveniți, să intervină • imp *aff* -, intervino, -, -, interveniți, - *neg* -, nu interveni, -, -, nu interveniți, - • inf a interveni • ger intervenind • pp intervenit

interzice /prohibit, ban/ • ind *pre* interzic, interzici, interzice, interzicem, interziceți, interzic *imp* interziceam, interziceai, interzicea, interziceam, interziceați, interziceau *prt* interzisei, interziseși, interzise, interziserăm, interziserăți, interziseră *plu* interzisesem, interziseseși, interzisese, interziseserăm, interziseserăți, interziseseră • sub *pre* să interzic, să interzici, să interzică, să interzicem, să interziceți, să interzică • imp *aff* -, interzi, -, -, interziceți, - *neg* -, nu interzice, -, -, nu interziceți, - • inf a interzice • ger interzicând • pp interzis

intra /enter/ • ind *pre* intru, intri, intră, intrăm, intrați, intră *imp* intram, intrai, intra, intram, intrați, intrau *prt* intrai, intrași, intră, intrarăm, intrarăți, intrară *plu* intrasem, intraseși, intrase, intraserăm, intraserăți, intraseră • sub *pre* să intru, să intri, să intre, să intrăm, să intrați, să intre • imp *aff* -, intră, -, -, intrați, - *neg* -, nu intra, -, -, nu intrați, - • inf a intra • ger intrând • pp intrat

introduce /insert, establish/ • ind *pre* introduc, introduci, introduce, introducem, introduceți, introduc *imp* introduceam, introduceai, introducea, introduceam, introduceați, introduceau *prt* introdusei, introduseși, introduse, introduserăm, introduserăți, introduseră *plu* introdusesem, introduseseși, introdusese, introduseserăm, introduseserăți, introduseseră • sub *pre* să introduc, să introduci, să introducă, să introducem, să introduceți, să introducă • imp *aff* -, introdu, -, -, introduceți, - *neg* -, nu introduce, -, -, nu introduceți, - • inf a introduce • ger introducând • pp introdus

inunda /flood/ • ind *pre* inund, inunzi, inundă, inundăm, inunzi, inundă *imp* inundam, inundai, inunda, inundam, inundați, inundau *prt* inundai, inundași, inundă, inundarăm, inundarăți, inundară *plu* inundasem, inundaseși, inundase, inundaserăm, inundaserăți, inundaseră • sub *pre* să inund, să inunzi, să inunde, să inundăm, să inunzi, să inunde • imp *aff* -, inundă, -, -, inunzi, - *neg* -, nu inunda, -, -, nu inunzi, - • inf a inunda • ger inundând • pp inundat

invada /invade/ • **ind** _pre_ invadez, invadezi, invadează, invadăm, invadați, invadează _imp_ invadam, invadai, invada, invadam, invadați, invadau _prt_ invadai, invadași, invadă, invadarăm, invadarăți, invadară _plu_ invadasem, invadaseși, invadase, invadaserăm, invadaserăți, invadaseră • **sub** _pre_ să invadez, să invadezi, să invadeze, să invadăm, să invadați, să invadeze • **imp** _aff_ -, invadează, -, -, invadați, - _neg_ -, nu invada, -, -, nu invadați, - • **inf** a invada • **ger** invadând • **pp** invadat

inventa /invent/ • **ind** _pre_ inventez, inventezi, inventează, inventăm, inventați, inventează _imp_ inventam, inventai, inventa, inventam, inventați, inventau _prt_ inventai, inventași, inventă, inventarăm, inventarăți, inventară _plu_ inventasem, inventaseși, inventase, inventaserăm, inventaserăți, inventaseră • **sub** _pre_ să inventez, să inventezi, să inventeze, să inventăm, să inventați, să inventeze • **imp** _aff_ -, inventează, -, -, inventați, - _neg_ -, nu inventa, -, -, nu inventați, - • **inf** a inventa • **ger** inventând • **pp** inventat

invita /invite/ • **ind** _pre_ invit, inviți, invită, invităm, invitați, invită _imp_ invitam, invitai, invita, invitam, invitați, invitau _prt_ invitai, invitași, invită, invitarăm, invitarăți, invitară _plu_ invitasem, invitaseși, invitase, invitaserăm, invitaserăți, invitaseră • **sub** _pre_ să invit, să inviți, să invite, să invităm, să invitați, să invite • **imp** _aff_ -, invită, -, -, invitați, - _neg_ -, nu invita, -, -, nu invitați, - • **inf** a invita • **ger** invitând • **pp** invitat

irita /irritate, annoy/ • **ind** _pre_ irit, iriți, irită, irităm, iritați, irită _imp_ iritam, iritai, irita, iritam, iritați, iritau _prt_ iritai, iritași, irită, iritarăm, iritarăți, iritară _plu_ iritasem, iritaseși, iritase, iritaserăm, iritaserăți, iritaseră • **sub** _pre_ să irit, să iriți, să irite, să irităm, să iritați, să irite • **imp** _aff_ -, irită, -, -, iritați, - _neg_ -, nu irita, -, -, nu iritați, - • **inf** a irita • **ger** iritând • **pp** iritat

ispiti /tempt/ • **ind** _pre_ ispitesc, ispitești, ispitește, ispitim, ispitiți, ispitesc _imp_ ispiteam, ispiteai, ispitea, ispiteam, ispiteați, ispiteau _prt_ ispitii, ispitiși, ispiti, ispitirăm, ispitirăți, ispitiră _plu_ ispitisem, ispitiseși, ispitise, ispitiserăm, ispitiserăți, ispitiseră • **sub** _pre_ să ispitesc, să ispitești, să ispitească, să ispitim, să ispitiți, să ispitească • **imp** _aff_ -, ispitește, -, -, ispitiți, - _neg_ -, nu ispiti, -, -, nu ispitiți, - • **inf** a ispiti • **ger** ispitind • **pp** ispitit

iubi /love/ • **ind** *pre* iubesc, iubești, iubește, iubim, iubiți, iubesc *imp* iubeam, iubeai, iubea, iubeam, iubeați, iubeau *prt* iubii, iubiși, iubi, iubirăm, iubirăți, iubiră *plu* iubisem, iubiseși, iubise, iubiserăm, iubiserăți, iubiseră • **sub** *pre* să iubesc, să iubești, să iubească, să iubim, să iubiți, să iubească • **imp** *aff* -, iubește, -, -, iubiți, - *neg* -, nu iubi, -, -, nu iubiți, - • **inf** a iubi • **ger** iubind • **pp** iubit

J

jena /embarrass, discomfort/ • **ind** *pre* jenez, jenezi, jenează, jenăm, jenați, jenează *imp* jenam, jenai, jena, jenam, jenați, jenau *prt* jenai, jenași, jenă, jenarăm, jenarăți, jenară *plu* jenasem, jenaseși, jenase, jenaserăm, jenaserăți, jenaseră • **sub** *pre* să jenez, să jenezi, să jeneze, să jenăm, să jenați, să jeneze • **imp** *aff* -, jenează, -, -, jenați, - *neg* -, nu jena, -, -, nu jenați, - • **inf** a jena • **ger** jenând • **pp** jenat

jigni /insult, offend/ • **ind** *pre* jignesc, jignești, jignește, jignim, jigniți, jignesc *imp* jigneam, jigneai, jignea, jigneam, jigneați, jigneau *prt* jignii, jigniși, jigni, jignirăm, jignirăți, jigniră *plu* jignisem, jigniseși, jignise, jigniserăm, jigniserăți, jigniseră • **sub** *pre* să jignesc, să jignești, să jignească, să jignim, să jigniți, să jignească • **imp** *aff* -, jignește, -, -, jigniți, - *neg* -, nu jigni, -, -, nu jigniți, - • **inf** a jigni • **ger** jignind • **pp** jignit

juca /play/ • **ind** *pre* joc, joci, joacă, jucăm, jucați, joacă *imp* jucam, jucai, juca, jucam, jucați, jucau *prt* jucai, jucași, jucă, jucarăm, jucarăți, jucară *plu* jucasem, jucaseși, jucase, jucaserăm, jucaserăți, jucaseră • **sub** *pre* să joc, să joci, să joace, să jucăm, să jucați, să joace • **imp** *aff* -, joacă, -, -, jucați, - *neg* -, nu juca, -, -, nu jucați, - • **inf** a juca • **ger** jucând • **pp** jucat

judeca /judge/ • **ind** *pre* judec, judeci, judecă, judecăm, judecați, judecă *imp* judecam, judecai, judeca, judecam, judecați, judecau *prt* judecai, judecași, judecă, judecarăm, judecarăți, judecară *plu* judecasem, judecaseși, judecase, judecaserăm, judecaserăți, judecaseră • **sub** *pre* să judec, să judeci, să judece, să judecăm, să judecați, să judece • **imp** *aff* -, judecă,

-, -, judecați, - _neg_ -, nu judeca, -, -, nu judecați, - • **inf** a judeca • **ger** judecând • **pp** judecat

jupui /skin, peel/ • **ind** _pre_ jupoi, jupoi, jupoaie, jupuim, jupuiți, jupoaie _imp_ jupuiam, jupuiai, jupuia, jupuiam, jupuiați, jupuiau _prt_ jupuii, jupuiși, jupui, jupuirăm, jupuirăți, jupuiră _plu_ jupuisem, jupuiseși, jupuise, jupuiserăm, jupuiserăți, jupuiseră • **sub** _pre_ să jupoi, să jupoi, să jupoaie, să jupuim, să jupuiți, să jupoaie • **imp** _aff_ -, jupoaie, -, -, jupuiți, - _neg_ -, nu jupui, -, -, nu jupuiți, - • **inf** a jupui • **ger** jupuind • **pp** jupuit

jura /swear, vow/ • **ind** _pre_ jur, juri, jură, jurăm, jurați, jură _imp_ juram, jurai, jura, juram, jurați, jurau _prt_ jurai, jurași, jură, jurarăm, jurarăți, jurară _plu_ jurasem, juraseși, jurase, juraserăm, juraserăți, jurasără • **sub** _pre_ să jur, să juri, să jure, să jurăm, să jurați, să jure • **imp** _aff_ -, jură, -, -, jurați, - _neg_ -, nu jura, -, -, nu jurați, - • **inf** a jura • **ger** jurând • **pp** jurat

L

lansa /pitch, launch/ • **ind** _pre_ lans, lansi, lansă, lansăm, lansați, lansă _imp_ lansam, lansai, lansa, lansam, lansați, lansau _prt_ lansai, lansași, lansă, lansarăm, lansarăți, lansară _plu_ lansasem, lansaseși, lansase, lansaserăm, lansaserăți, lansaseră • **sub** _pre_ să lans, să lansi, să lanse, să lansăm, să lansați, să lanse • **imp** _aff_ -, lansă, -, -, lansați, - _neg_ -, nu lansa, -, -, nu lansați, - • **inf** a lansa • **ger** lansând • **pp** lansat

lăsa /leave/ • **ind** _pre_ las, lași, lasă, lăsăm, lăsați, las _imp_ lăsam, lăsai, lăsa, lăsam, lăsați, lăsau _prt_ lăsai, lăsași, lăsă, lăsarăm, lăsarăți, lăsară _plu_ lăsasem, lăsaseși, lăsase, lăsaserăm, lăsaserăți, lăsaseră • **sub** _pre_ să las, să lași, să lase, să lăsăm, să lăsați, să lase • **imp** _aff_ -, lasă, -, -, lăsați, - _neg_ -, nu lăsa, -, -, nu lăsați, - • **inf** a lăsa • **ger** lăsând • **pp** lăsat

lega /tie, bind/ • **ind** _pre_ leg, legi, leagă, legăm, legați, leagă _imp_ legam, legai, lega, legam, legați, legau _prt_ legai, legași, legă, legarăm, legarăți, legară _plu_ legasem, legaseși, legase, legaserăm, legaserăți, legaseră • **sub** _pre_ să leg, să legi, să lege, să legăm, să legați, să lege • **imp** *aff* -, leagă, -, -, legați, - *neg* -, nu lega, -, -, nu legați, - • **inf** a lega • **ger** legând • **pp** legat

libera /free, liberate/ • **ind** *pre* liberez, liberezi, liberează, liberăm, liberați, liberează *imp* liberam, liberai, libera, liberam, liberați, liberau *prt* liberai, liberași, liberă, liberarăm, liberarăți, liberară *plu* liberasem, liberaseși, liberase, liberaserăm, liberaserăți, liberaseră • **sub** *pre* să liberez, să liberezi, să libereze, să liberăm, să liberați, să libereze • **imp** *aff* -, liberează, -, -, liberați, - *neg* -, nu libera, -, -, nu liberați, - • **inf** a libera • **ger** liberând • **pp** liberat

limpezi /clarify, make clear/ • **ind** *pre* limpezesc, limpezești, limpezește, limpezim, limpeziți, limpezesc *imp* limpezeam, limpezeai, limpezea, limpezeam, limpezeați, limpezeau *prt* limpezii, limpeziși, limpezi, limpezirăm, limpezirăți, limpeziră *plu* limpezisem, limpeziseși, limpezise, limpeziserăm, limpeziserăți, limpeziseră • **sub** *pre* să limpezesc, să limpezești, să limpezească, să limpezim, să limpeziți, să limpezească • **imp** *aff* -, limpezește, -, -, limpeziți, - *neg* -, nu limpezi, -, -, nu limpeziți, - • **inf** a limpezi • **ger** limpezind • **pp** limpezit

linge /lick/ • **ind** *pre* ling, lingi, linge, lingem, lingeți, ling *imp* lingeam, lingeai, lingea, lingeam, lingeați, lingeau *prt* linsei, linseși, linse, linserăm, linserăți, linseră *plu* linsesem, linseseși, linsese, linseserăm, linseserăți, linseseră • **sub** *pre* să ling, să lingi, să lingă, să lingem, să lingeți, să lingă • **imp** *aff* -, linge, -, -, lingeți, - *neg* -, nu linge, -, -, nu lingeți, - • **inf** a linge • **ger** lingând • **pp** lins

lipi /stick, glue/ • **ind** *pre* lipesc, lipești, lipește, lipim, lipiți, lipesc *imp* lipeam, lipeai, lipea, lipeam, lipeați, lipeau *prt* lipii, lipiși, lipi, lipirăm, lipirăți, lipiră *plu* lipisem, lipiseși, lipise, lipiserăm, lipiserăți, lipiseră • **sub** *pre* să lipesc, să lipești, să lipească, să lipim, să lipiți, să lipească • **imp** *aff* -, lipește, -, -, lipiți, - *neg* -, nu lipi, -, -, nu lipiți, - • **inf** a lipi • **ger** lipind • **pp** lipit

lipsi /deprive, be absent/ • **ind** *pre* lipsesc, lipsești, lipsește, lipsim, lipsiți, lipsesc *imp* lipseam, lipseai, lipsea, lipseam, lipseați, lipseau *prt* lipsii, lipsiși, lipsi, lipsirăm, lipsirăți, lipsiră *plu* lipsisem, lipsiseși, lipsise, lipsiserăm, lipsiserăți, lipsiseră • **sub** *pre* să lipsesc, să lipsești, să lipsească, să lipsim, să lipsiți, să lipsească • **imp** *aff* -, lipseşte, -, -, lipsiţi, - *neg* -, nu lipsi, -, -, nu lipsiţi, - • **inf** a lipsi • **ger** lipsind • **pp** lipsit

locui /reside, dwell/ • **ind** *pre* locuiesc, locuieşti, locuieşte, locuim, locuiţi, locuiesc *imp* locuiam, locuiai, locuia, locuiam, locuiaţi, locuiau *prt* locuii, locuişi, locui, locuirăm, locuirăţi, locuiră *plu* locuisem, locuiseşi, locuise, locuiserăm, locuiserăţi, locuiseră • **sub** *pre* să locuiesc, să locuieşti, să locuiască, să locuim, să locuiţi, să locuiască • **imp** *aff* -, locuieşte, -, -, locuiţi, - *neg* -, nu locui, -, -, nu locuiţi, - • **inf** a locui • **ger** locuind • **pp** locuit

lovi /hit, strike/ • **ind** *pre* lovesc, loveşti, loveşte, lovim, loviţi, lovesc *imp* loveam, loveai, lovea, loveam, loveaţi, loveau *prt* lovii, lovişi, lovi, lovirăm, lovirăţi, loviră *plu* lovisem, loviseşi, lovise, loviserăm, loviserăţi, loviseră • **sub** *pre* să lovesc, să loveşti, să lovească, să lovim, să loviţi, să lovească • **imp** *aff* -, loveşte, -, -, loviţi, - *neg* -, nu lovi, -, -, nu loviţi, - • **inf** a lovi • **ger** lovind • **pp** lovit

lua /take/ • **ind** *pre* iau, iei, ia, luăm, luaţi, iau *imp* luam, luai, lua, luam, luaţi, luau *prt* luai, luaşi, luă, luarăm, luarăţi, luară *plu* luasem, luaseşi, luase, luaserăm, luaserăţi, luaseră • **sub** *pre* să iau, să iei, să ia, să luăm, să luaţi, să ia • **imp** *aff* -, ia, -, -, luaţi, - *neg* -, nu lua, -, -, nu luaţi, - • **inf** a lua • **ger** luând • **pp** luat

lucra /work/ • **ind** *pre* lucrez, lucrezi, lucrează, lucrăm, lucraţi, lucrează *imp* lucram, lucrai, lucra, lucram, lucraţi, lucrau *prt* lucrai, lucraşi, lucră, lucrarăm, lucrarăţi, lucrară *plu* lucrasem, lucraseşi, lucrase, lucraserăm, lucraserăţi, lucraseră • **sub** *pre* să lucrez, să lucrezi, să lucreze, să lucrăm, să lucraţi, să lucreze • **imp** *aff* -, lucrează, -, -, lucraţi, - *neg* -, nu lucra, -, -, nu lucraţi, - • **inf** a lucra • **ger** lucrând • **pp** lucrat

lungi /lengthen, elongate/ • **ind** *pre* lungesc, lungeşti, lungeşte, lungim, lungiţi, lungesc *imp* lungeam, lungeai, lungea, lungeam, lungeaţi, lungeau *prt* lungii, lungişi, lungi, lungirăm, lungirăţi, lungiră *plu* lungisem, lungiseşi, lungise, lungiserăm, lungiserăţi, lungiseră • **sub** *pre* să lungesc, să lungeşti, să lungească, să lungim, să lungiţi, să lungească • **imp** *aff* -, lungeşte, -, -, lungiţi, - *neg* -, nu lungi, -, -, nu lungiţi, - • **inf** a lungi • **ger** lungind • **pp** lungit

lupta /fight/ • **ind** *pre* lupt, lupți, luptă, luptăm, luptați, luptă *imp* luptam, luptai, lupta, luptam, luptați, luptau *prt* luptai, luptași, luptă, luptarăm, luptarăți, luptară *plu* luptasem, luptaseși, luptase, luptaserăm, luptaserăți, luptaseră • **sub** *pre* să lupt, să lupți, să lupte, să luptăm, să luptați, să lupte • **imp** *aff* -, luptă, -, -, luptați, - *neg* -, nu lupta, -, -, nu luptați, - • **inf** a lupta • **ger** luptând • **pp** luptat

M

masturba /masturbate/ • **ind** *pre* masturbez, masturbezi, masturbează, masturbăm, masturbați, masturbează *imp* masturbam, masturbai, masturba, masturbam, masturbați, masturbau *prt* masturbai, masturbași, masturbă, masturbarăm, masturbarăți, masturbară *plu* masturbasem, masturbaseși, masturbase, masturbaserăm, masturbaserăți, masturbaseră • **sub** *pre* să masturbez, să masturbezi, să masturbeze, să masturbăm, să masturbați, să masturbeze • **imp** *aff* -, masturbează, -, -, masturbați, - *neg* -, nu masturba, -, -, nu masturbați, - • **inf** a masturba • **ger** masturbând • **pp** masturbat

mânca /eat/ • **ind** *pre* mănânc, mănânci, mănâncă, mâncăm, mâncați, mănâncă *imp* mâncam, mâncai, mânca, mâncam, mâncați, mâncau *prt* mâncai, mâncași, mâncă, mâncarăm, mâncarăți, mâncară *plu* mâncasem, mâncaseși, mâncase, mâncaserăm, mâncaserăți, mâncaseră • **sub** *pre* să mănânc, să mănânci, să mănânce, să mâncăm, să mâncați, să mănânce • **imp** *aff* -, mănâncă, -, -, mâncați, - *neg* -, nu mânca, -, -, nu mâncați, - • **inf** a mânca • **ger** mâncând • **pp** mâncat

merge /go/ • **ind** *pre* merg, mergi, merge, mergem, mergeți, merg *imp* mergeam, mergeai, mergea, mergeam, mergeați, mergeau *prt* mersei, merseși, merse, merserăm, merserăți, merseră *plu* mersesem, merseseși, mersese, merseserăm, merseserăți, merseseră • **sub** *pre* să merg, să mergi, să meargă, să mergem, să mergeți, să meargă • **imp** *aff* -, merge, -, -, mergeți, - *neg* -, nu merge, -, -, nu mergeți, - • **inf** a merge • **ger** mergând • **pp** mers

merita /deserve/ • **ind** *pre* merit, meriți, merită, merităm, meritați, merită *imp* meritam, meritai, merita, meritam, meritați, meritau *prt* meritai, meritași, merită, meritarăm, meritarăți, meritară *plu* meritasem, meritaseși, meritase, meritaserăm, meritaserăți, meritaseră • **sub** *pre* să merit, să meriți, să merite, să merităm, să meritați, să merite • **imp** *aff* -, merită, -, -, meritați, - *neg* -, nu merita, -, -, nu meritați, - • **inf** a merita • **ger** meritând • **pp** meritat

mira /wonder, be astounded/ • **ind** *pre* mir, miri, miră, mirăm, mirați, miră *imp* miram, mirai, mira, miram, mirați, mirau *prt* mirai, mirași, miră, mirarăm, mirarăți, mirară *plu* mirasem, miraseși, mirase, miraserăm, miraserăți, miraseră • **sub** *pre* să mir, să miri, să mire, să mirăm, să mirați, să mire • **imp** *aff* -, miră, -, -, mirați, - *neg* -, nu mira, -, -, nu mirați, - • **inf** a mira • **ger** mirând • **pp** mirat

mirosi /smell, smell of/ • **ind** *pre* miros, miroși, miroase, mirosim, mirosiți, miros miroase *imp* miroseam, miroseai, mirosea, miroseam, miroseați, miroseau *prt* mirosii, mirosiși, mirosi, mirosirăm, mirosirăți, mirosiră *plu* mirosisem, mirosiseși, mirosise, mirosiserăm, mirosiserăți, mirosiseră • **sub** *pre* să miros, să miroși, să miroasă, să mirosim, să mirosiți, să miroasă • **imp** *aff* -, miroase, -, -, mirosiți, - *neg* -, nu mirosi, -, -, nu mirosiți, - • **inf** a mirosi • **ger** mirosind • **pp** mirosit

modifica /change, alter or modify/ • **ind** *pre* modific, modifici, modifică, modificăm, modificați, modifică *imp* modificam, modificai, modifica, modificam, modificați, modificau *prt* modificai, modificași, modifică, modificarăm, modificarăți, modificară *plu* modificasem, modificaseși, modificase, modificaserăm, modificaserăți, modificaseră • **sub** *pre* să modific, să modifici, să modifice, să modificăm, să modificați, să modifice • **imp** *aff* -, modifică, -, -, modificați, - *neg* -, nu modifica, -, -, nu modificați, - • **inf** a modifica • **ger** modificând • **pp** modificat

munci /work/ • **ind** *pre* muncesc, muncești, muncește, muncim, munciți, muncesc *imp* munceam, munceai, muncea, munceam, munceați, munceau *prt* muncii, munciși, munci, muncirăm, muncirăți, munciră *plu* muncisem, munciseși, muncise, munciserăm, munciserăți, munciseră • **sub** *pre* să muncesc, să muncești, să muncească, să muncim, să munciți, să muncească

• **imp** _aff_ -, muncește, -, -, munciți, - _neg_ -, nu munci, -, -, nu munciți, - • **inf** a munci • **ger** muncind • **pp** muncit

muri /die/ • **ind** _pre_ mor, mori, moare, murim, muriți, mor _imp_ muream, mureai, murea, muream, mureați, mureau _prt_ murii, muriși, muri, murirăm, murirăți, muriră _plu_ murisem, muriseși, murise, muriserăm, muriserăți, muriseră • **sub** _pre_ să mor, să mori, să moară, să murim, să muriți, să moară • **imp** _aff_ -, mori, -, -, muriți, - _neg_ -, nu muri, -, -, nu muriți, - • **inf** a muri • **ger** murind • **pp** murit

muta /move, shift/ • **ind** _pre_ mut, muți, mută, mutăm, mutați, mută _imp_ mutam, mutai, muta, mutam, mutați, mutau _prt_ mutai, mutași, mută, mutarăm, mutarăți, mutară _plu_ mutasem, mutaseși, mutase, mutaserăm, mutaserăți, mutaseră • **sub** _pre_ să mut, să muți, să mute, să mutăm, să mutați, să mute • **imp** _aff_ -, mută, -, -, mutați, - _neg_ -, nu muta, -, -, nu mutați, - • **inf** a muta • **ger** mutând • **pp** mutat

N

nebuni /go crazy, go mad/ • **ind** _pre_ nebunesc, nebunești, nebunește, nebunim, nebuniți, nebunesc _imp_ nebuneam, nebuneai, nebunea, nebuneam, nebuneați, nebuneau _prt_ nebunii, nebuniși, nebuni, nebunirăm, nebunirăți, nebuniră _plu_ nebunisem, nebuniseși, nebunise, nebuniserăm, nebuniserăți, nebuniseră • **sub** _pre_ să nebunesc, să nebunești, să nebunească, să nebunim, să nebuniți, să nebunească • **imp** _aff_ -, nebunește, -, -, nebuniți, - _neg_ -, nu nebuni, -, -, nu nebuniți, - • **inf** a nebuni • **ger** nebunind • **pp** nebunit

nega /deny/ • **ind** _pre_ neg, negi, neagă, negăm, negați, neagă _imp_ negam, negai, nega, negam, negați, negau _prt_ negai, negași, negă, negarăm, negarăți, negară _plu_ negasem, negaseși, negase, negaserăm, negaserăți, negaseră • **sub** _pre_ să neg, să negi, să nege, să negăm, să negați, să nege • **imp** _aff_ -, neagă, -, -, negați, - _neg_ -, nu nega, -, -, nu negați, - • **inf** a nega • **ger** negând • **pp** negat

nimeri /happen, find oneself somewhere/ • **ind** _pre_ nimeresc, nimerești, nimerește, nimerim, nimeriți, nimeresc _imp_ nimeream, nimereai, nimerea, nimeream, nimereați, nimereau _prt_ nimerii, nimeriși, nimeri, nimerirăm, nimerirăți, nimeriră _plu_ nimerisem, nimeriseși, nimerise, nimeriserăm, nimeriserăți, nimeriseră • **sub** _pre_ să nimeresc, să nimerești, să nimerească, să nimerim, să nimeriți, să nimerească • **imp** _aff_ -, nimerește, -, -, nimeriți, - _neg_ -, nu nimeri, -, -, nu nimeriți, - • **inf** a nimeri • **ger** nimerind • **pp** nimerit

nimici /destroy, annihilate/ • **ind** _pre_ nimicesc, nimicești, nimicește, nimicim, nimiciți, nimicesc _imp_ nimiceam, nimiceai, nimicea, nimiceam, nimiceați, nimiceau _prt_ nimicii, nimiciși, nimici, nimicirăm, nimicirăți, nimiciră _plu_ nimicisem, nimiciseși, nimicise, nimiciserăm, nimiciserăți, nimiciseră • **sub** _pre_ să nimicesc, să nimicești, să nimicească, să nimicim, să nimiciți, să nimicească • **imp** _aff_ -, nimicește, -, -, nimiciți, - _neg_ -, nu nimici, -, -, nu nimiciți, - • **inf** a nimici • **ger** nimicind • **pp** nimicit

ninge /snow/ • **ind** _pre_ —, —, ninge, —, —, — _imp_ —, —, ningea, —, —, — _prt_ —, —, ninse, —, —, — _plu_ —, —, ninsese, —, —, — • **sub** _pre_ —, —, să ningă, —, —, — • **imp** _aff_ — _neg_ — • **inf** a ninge • **ger** ningând • **pp** nins

numi /name, be named/ • **ind** _pre_ numesc, numești, numește, numim, numiți, numesc _imp_ numeam, numeai, numea, numeam, numeați, numeau _prt_ numii, numiși, numi, numirăm, numirăți, numiră _plu_ numisem, numiseși, numise, numiserăm, numiserăți, numiseră • **sub** _pre_ să numesc, să numești, să numească, să numim, să numiți, să numească • **imp** _aff_ -, numește, -, -, numiți, - _neg_ -, nu numi, -, -, nu numiți, - • **inf** a numi • **ger** numind • **pp** numit

O

obliga /oblige/ • **ind** _pre_ oblig, obligi, obligă, obligăm, obligați, obligă _imp_ obligam, obligai, obliga, obligam, obligați, obligau _prt_ obligai, obligași, obligă, obligarăm, obligarăți, obligară _plu_ obligasem, obligaseși, obligase, obligaserăm, obligaserăți, obligaseră • **sub** *pre* să oblig, să obligi, să oblige, să obligăm, să obligați, să oblige • **imp** *aff* -, obligă, -, -, obligați, - *neg* -, nu obliga, -, -, nu obligați, - • **inf** a obliga • **ger** obligând • **pp** obligat

obosi /tire, tire oneself/ • **ind** *pre* obosesc, obosești, obosește, obosim, obosiți, obosesc *imp* oboseam, oboseai, obosea, oboseam, oboseați, oboseau *prt* obosii, obosiși, obosi, obosirăm, obosirăți, obosiră *plu* obosisem, obosiseși, obosise, obosiserăm, obosiserăți, obosiseră • **sub** *pre* să obosesc, să obosești, să obosească, să obosim, să obosiți, să obosească • **imp** *aff* -, obosește, -, -, obosiți, - *neg* -, nu obosi, -, -, nu obosiți, - • **inf** a obosi • **ger** obosind • **pp** obosit

observa /observe, perceive/ • **ind** *pre* observ, observi, observă, observăm, observați, observă *imp* observam, observai, observa, observam, observați, observau *prt* observai, observași, observă, observarăm, observarăți, observară *plu* observasem, observaseși, observase, observaserăm, observaserăți, observaseră • **sub** *pre* să observ, să observi, să observe, să observăm, să observați, să observe • **imp** *aff* -, observă, -, -, observați, - *neg* -, nu observa, -, -, nu observați, - • **inf** a observa • **ger** observând • **pp** observat

ochi /aim, take aim/ • **ind** *pre* ochesc, ochești, ochește, ochim, ochiți, ochesc *imp* ocheam, ocheai, ochea, ocheam, ocheați, ocheau *prt* ochii, ochiși, ochi, ochirăm, ochirăți, ochiră *plu* ochisem, ochiseși, ochise, ochiserăm, ochiserăți, ochiseră • **sub** *pre* să ochesc, să ochești, să ochească, să ochim, să ochiți, să ochească • **imp** *aff* -, ochește, -, -, ochiți, - *neg* -, nu ochi, -, -, nu ochiți, - • **inf** a ochi • **ger** ochind • **pp** ochit

ocupa /occupy, take up/ • **ind** *pre* ocup, ocupi, ocupă, ocupăm, ocupați, ocupă *imp* ocupam, ocupai, ocupa, ocupam, ocupați, ocupau *prt* ocupai, ocupași, ocupă, ocuparăm, ocuparăți, ocupară *plu* ocupasem, ocupaseși, ocupase, ocupaserăm, ocupaserăți, ocupaseră • **sub** *pre* să ocup, să ocupi, să ocupe, să ocupăm, să ocupați, să ocupe • **imp** *aff* -, ocupă, -, -, ocupați, - *neg* -, nu ocupa, -, -, nu ocupați, - • **inf** a ocupa • **ger** ocupând • **pp** ocupat

odihni /rest, relax/ • **ind** *pre* odihnesc, odihnești, odihnește, odihnim, odihniți, odihnesc *imp* odihneam, odihneai, odihnea, odihneam, odihneați, odihneau _prt_ odihnii, odihniși, odihni, odihnirăm, odihnirăți, odihniră _plu_ odihnisem, odihnisești, odihnise, odihniserăm, odihniserăți, odihniseră • **sub** _pre_ să odihnesc, să odihnești, să odihnească, să odihnim, să odihniți, să odihnească • **imp** _aff_ -, odihnește, -, -, odihniți, - _neg_ -, nu odihni, -, -, nu odihniți, - • **inf** a odihni • **ger** odihnind • **pp** odihnit

onora /honor/ • **ind** _pre_ onorez, onorezi, onorează, onorăm, onorați, onorează _imp_ onoram, onorai, onora, onoram, onorați, onorau _prt_ onorai, onorași, onoră, onorarăm, onorarăți, onorară _plu_ onorasem, onorasesi, onorase, onoraserăm, onoraserăți, onoraseră • **sub** _pre_ să onorez, să onorezi, să onoreze, să onorăm, să onorați, să onoreze • **imp** _aff_ -, onorează, -, -, onorați, - _neg_ -, nu onora, -, -, nu onorați, - • **inf** a onora • **ger** onorând • **pp** onorat

opri /stop/ • **ind** _pre_ opresc, oprești, oprește, oprim, opriți, opresc _imp_ opream, opreai, oprea, opream, opreați, opreau _prt_ oprii, oprisi, opri, oprirăm, oprirăți, opriră _plu_ oprisem, oprisesi, oprise, opriserăm, opriserăți, opriseră • **sub** _pre_ să opresc, să oprești, să oprească, să oprim, să opriți, să oprească • **imp** _aff_ -, oprește, -, -, opriți, - _neg_ -, nu opri, -, -, nu opriți, - • **inf** a opri • **ger** oprind • **pp** oprit

orbi /blind, deprive of sight/ • **ind** _pre_ orbesc, orbești, orbește, orbim, orbiți, orbesc _imp_ orbeam, orbeai, orbea, orbeam, orbeați, orbeau _prt_ orbii, orbiși, orbi, orbirăm, orbirăți, orbiră _plu_ orbisem, orbiseși, orbise, orbiserăm, orbiserăți, orbiseră • **sub** _pre_ să orbesc, să orbești, să orbească, să orbim, să orbiți, să orbească • **imp** _aff_ -, orbește, -, -, orbiți, - _neg_ -, nu orbi, -, -, nu orbiți, - • **inf** a orbi • **ger** orbind • **pp** orbit

ordona /give an order or command/ • **ind** _pre_ ordonez, ordonezi, ordonează, ordonăm, ordonați, ordonează _imp_ ordonam, ordonai, ordona, ordonam, ordonați, ordonau _prt_ ordonai, ordonași, ordonă, ordonarăm, ordonarăți, ordonară _plu_ ordonasem, ordonaseși, ordonase, ordonaserăm, ordonaserăți, ordonaseră • **sub** _pre_ să ordonez, să ordonezi, să ordoneze, să ordonăm, să ordonați, să ordoneze • **imp** _aff_ -, ordonează, -, -, ordonați, - _neg_ -, nu ordona, -, -, nu ordonați, - • **inf** a ordona • **ger** ordonând • **pp** ordonat

P

parca /park/ • **ind** _pre_ parchez, parchezi, parchează, parcăm, parcați, parchează _imp_ parcam, parcai, parca, parcam, parcați, parcau _prt_ parcai, parcași, parcă, parcarăm, parcarăți, parcară _plu_ parcasem, parcaseși, parcase, parcaserăm, parcaserăți, parcaseră • **sub** _pre_ să parchez, să parchezi, să parcheze, să parcăm, să parcați, să parcheze • **imp** _aff_ -, parchează, -, -, parcați, - _neg_ -, nu parca, -, -, nu parcați, - • **inf** a parca • **ger** parcând • **pp** parcat

pasa /pass, hand/ • **ind** _pre_ pasez, pasezi, pasează, pasăm, pasați, pasează _imp_ pasam, pasai, pasa, pasam, pasați, pasau _prt_ pasai, pasași, pasă, pasarăm, pasarăți, pasară _plu_ pasasem, pasaseși, pasase, pasaserăm, pasaserăți, pasaseră • **sub** _pre_ să pasez, să pasezi, să paseze, să pasăm, să pasați, să paseze • **imp** _aff_ -, pasează, -, -, pasați, - _neg_ -, nu pasa, -, -, nu pasați, - • **inf** a pasa • **ger** pasând • **pp** pasat

pedepsi /punish, chastise/ • **ind** _pre_ pedepsesc, pedepsești, pedepsește, pedepsim, pedepsiți, pedepsesc _imp_ pedepseam, pedepseai, pedepsea, pedepseam, pedepseați, pedepseau _prt_ pedepsii, pedepsiși, pedepsi, pedepsirăm, pedepsirăți, pedepsiră _plu_ pedepsisem, pedepsiseși, pedepsise, pedepsiserăm, pedepsiserăți, pedepsiseră • **sub** _pre_ să pedepsesc, să pedepsești, să pedepsească, să pedepsim, să pedepsiți, să pedepsească • **imp** _aff_ -, pedepsește, -, -, pedepsiți, - _neg_ -, nu pedepsi, -, -, nu pedepsiți, - • **inf** a pedepsi • **ger** pedepsind • **pp** pedepsit

petrece /party, spend or pass the time/ • **ind** _pre_ petrec, petreci, petrece, petrecem, petreceți, petrec _imp_ petreceam, petreceai, petrecea, petreceam, petreceați, petreceau _prt_ petrecui, petrecuși, petrecu, petrecurăm, petrecurăți, petrecură _plu_ petrecusem, petrecuseși, petrecuse, petrecuserăm, petrecuserăți, petrecuseră • **sub** _pre_ să petrec, să petreci, să petreacă, să petrecem, să petreceți, să petreacă • **imp** _aff_ -, petrece, -, -, petreceți, - _neg_ -, nu petrece, -, -, nu petreceți, - • **inf** a petrece • **ger** petrecând • **pp** petrecut

pica /drip, fall/ • **ind** _pre_ pic, pici, pică, picăm, picați, pică _imp_ picam, picai, pica, picam, picați, picau _prt_ picai, picași, pică, picarăm, picarăți, picară _plu_ picasem, picaseși, picase, picaserăm, picaserăți, picaseră • **sub** _pre_ să pic, să pici, să pice, să picăm, să picați, să pice • **imp** _aff_ -, pică, -, -, picați, - _neg_ -, nu pica, -, -, nu picați, - • **inf** a pica • **ger** picând • **pp** picat

picta /paint, depict/ • **ind** _pre_ pictez, pictezi, pictează, pictăm, pictați, pictează _imp_ pictam, pictai, picta, pictam, pictați, pictau _prt_ pictai, pictași, pictă, pictarăm, pictarăți, pictară _plu_ pictasem, pictaseși, pictase, pictaserăm, pictaserăți, pictaseră • **sub** _pre_ să pictez, să pictezi, să picteze, să pictăm, să pictați, să picteze • **imp** _aff_ -, pictează, -, -, pictați, - _neg_ -, nu picta, -, -, nu pictați, - • **inf** a picta • **ger** pictând • **pp** pictat

pierde /lose, be or become lost/ • **ind** _pre_ pierd, pierzi, pierde, pierdem, pierdeți, pierd _imp_ pierdeam, pierdeai, pierdea, pierdeam, pierdeați, pierdeau _prt_ pierdui, pierduși, pierdu, pierdurăm, pierdurăți, pierdură _plu_ pierdusem, pierduseși, pierduse, pierduserăm, pierduserăți, pierduseră • **sub** _pre_ să pierd, să pierzi, să piardă, să pierdem, să pierdeți, să piardă • **imp** _aff_ -, pierde, -, -, pierdeți, - _neg_ -, nu pierde, -, -, nu pierdeți, - • **inf** a pierde • **ger** pierzând • **pp** pierdut

pieri /perish, die/ • **ind** _pre_ pier, pieri, piere, pierim, pieriți, piere _imp_ pieream, piereai, pierea, pieream, piereați, piereau _prt_ pierii, pieriși, pieri, pierirăm, pierirăți, pieriră _plu_ pierisem, pieriseși, pierise, pieriserăm, pieriserăți, pieriseră • **sub** _pre_ să pier, să pieri, să piară, să pierim, să pieriți, să piară • **imp** _aff_ -, piere, -, -, pieriți, - _neg_ -, nu pieri, -, -, nu pieriți, - • **inf** a pieri • **ger** pierind • **pp** pierit

piersica /hit or beat very hard/ • **ind** _pre_ piersic, piersici, piersică, piersicăm, piersicați, piersică _imp_ piersicam, piersicai, piersica, piersicam, piersicați, piersicau _prt_ piersicai, piersicași, piersică, piersicarăm, piersicarăți, piersicară _plu_ piersicasem, piersicaseși, piersicase, piersicaserăm, piersicaserăți, piersicaseră • **sub** _pre_ să piersic, să piersici, să piersice, să piersicăm, să piersicați, să piersice • **imp** _aff_ -, piersică, -, -, piersicați, - _neg_ -, nu piersica, -, -, nu piersicați, - • **inf** a piersica • **ger** piersicând • **pp** piersicat

pilota /pilot/ • **ind** _pre_ pilotez, pilotezi, pilotează, pilotăm, pilotați, pilotează _imp_ pilotam, pilotai, pilota, pilotam, pilotați, pilotau _prt_ pilotai, pilotași, pilotă, pilotarăm, pilotarăți, pilotară _plu_ pilotasem, pilotaseși, pilotase, pilotaserăm, pilotaserăți, pilotaseră • **sub** _pre_ să pilotez, să pilotezi, să piloteze, să pilotăm, să pilotați, să piloteze • **imp** _aff_ -, pilotează, -, -, pilotați, - _neg_ -, nu pilota, -, -, nu pilotați, - • **inf** a pilota • **ger** pilotând • **pp** pilotat

pisa /pound, pummel/ • **ind** _pre_ pisez, pisezi, pisează, pisăm, pisați, pisează _imp_ pisam, pisai, pisa, pisam, pisați, pisau _prt_ pisai, pisași, pisă, pisarăm, pisarăți, pisară _plu_ pisasem, pisaseși, pisase, pisaserăm, pisaserăți, pisaseră • **sub** _pre_ să pisez, să pisezi, să piseze, să pisăm, să pisați, să piseze • **imp** _aff_ -, pisează, -, -, pisați, - _neg_ -, nu pisa, -, -, nu pisați, - • **inf** a pisa • **ger** pisând • **pp** pisat

planta /plant/ • **ind** _pre_ plantez, plantezi, plantează, plantăm, plantați, plantează _imp_ plantam, plantai, planta, plantam, plantați, plantau _prt_ plantai, plantași, plantă, plantarăm, plantarăți, plantară _plu_ plantasem, plantaseși, plantase, plantaserăm, plantaserăți, plantaseră • **sub** _pre_ să plantez, să plantezi, să planteze, să plantăm, să plantați, să planteze • **imp** _aff_ -, plantează, -, -, plantați, - _neg_ -, nu planta, -, -, nu plantați, - • **inf** a planta • **ger** plantând • **pp** plantat

pleca /leave, depart/ • **ind** _pre_ plec, pleci, pleacă, plecăm, plecați, pleacă _imp_ plecam, plecai, pleca, plecam, plecați, plecau _prt_ plecai, plecași, plecă, plecarăm, plecarăți, plecară _plu_ plecasem, plecaseși, plecase, plecaserăm, plecaserăți, plecaseră • **sub** _pre_ să plec, să pleci, să plece, să plecăm, să plecați, să plece • **imp** _aff_ -, pleacă, -, -, plecați, - _neg_ -, nu pleca, -, -, nu plecați, - • **inf** a pleca • **ger** plecând • **pp** plecat

plictisi /bore, annoy/ • **ind** _pre_ plictisesc, plictisești, plictisește, plictisim, plictisiți, plictisesc _imp_ plictiseam, plictiseai, plictisea, plictiseam, plictiseați, plictiseau _prt_ plictisii, plictisiși, plictisi, plictisirăm, plictisirăți, plictisiră _plu_ plictisisem, plictisiseși, plictisise, plictisiserăm, plictisiserăți, plictisiseră • **sub** _pre_ să plictisesc, să plictisești, să plictisească, să plictisim, să plictisiți, să plictisească • **imp** _aff_ -, plictisește, -, -, plictisiți, - _neg_ -, nu plictisi, -, -, nu plictisiți, - • **inf** a plictisi • **ger** plictisind • **pp** plictisit

plimba /walk, stroll/ • **ind** _pre_ plimb, plimbi, plimbă, plimbăm, plimbați, plimbă _imp_ plimbam, plimbai, plimba, plimbam, plimbați, plimbau _prt_ plimbai, plimbași, plimbă, plimbarăm, plimbarăți, plimbară *plu* plimbasem, plimbaseși, plimbase, plimbaserăm, plimbaserăți, plimbaseră • **sub** *pre* să plimb, să plimbi, să plimbe, să plimbăm, să plimbați, să plimbe • **imp** *aff* -, plimbă, -, -, plimbați, - *neg* -, nu plimba, -, -, nu plimbați, - • **inf** a plimba • **ger** plimbând • **pp** plimbat

ploua /rain/ • **ind** *pre* —, —, plouă, —, —, — *imp* —, —, ploua, —, —, — *prt* —, —, plouă, —, —, — *plu* —, —, plouase, —, —, — • **sub** *pre* —, —, să plouă, —, —, — • **imp** *aff* — *neg* — • **inf** a ploua • **ger** plouând • **pp** plouat

pluti /float/ • **ind** *pre* plutesc, plutești, plutește, plutim, plutiți, plutesc *imp* pluteam, pluteai, plutea, pluteam, pluteați, pluteau *prt* plutii, plutiși, pluti, plutirăm, plutirăți, plutiră *plu* plutisem, plutiseși, plutise, plutiserăm, plutiserăți, plutiseră • **sub** *pre* să plutesc, să plutești, să plutească, să plutim, să plutiți, să plutească • **imp** *aff* -, plutește, -, -, plutiți, - *neg* -, nu pluti, -, -, nu plutiți, - • **inf** a pluti • **ger** plutind • **pp** plutit

pocni /whack, hit/ • **ind** *pre* pocnesc, pocnești, pocnește, pocnim, pocniți, pocnesc *imp* pocneam, pocneai, pocnea, pocneam, pocneați, pocneau *prt* pocnii, pocniși, pocni, pocnirăm, pocnirăți, pocniră *plu* pocnisem, pocniseși, pocnise, pocniserăm, pocniserăți, pocniseră • **sub** *pre* să pocnesc, să pocnești, să pocnească, să pocnim, să pocniți, să pocnească • **imp** *aff* -, pocnește, -, -, pocniți, - *neg* -, nu pocni, -, -, nu pocniți, - • **inf** a pocni • **ger** pocnind • **pp** pocnit

porni /start, set inmotion/ • **ind** *pre* pornesc, pornești, pornește, pornim, porniți, pornesc *imp* porneam, porneai, pornea, porneam, porneați, porneau *prt* pornii, porniși, porni, pornirăm, pornirăți, porniră *plu* pornisem, porniseși, pornise, porniserăm, porniserăți, porniseră • **sub** *pre* să pornesc, să pornești, să pornească, să pornim, să porniți, să pornească • **imp** *aff* -, pornește, -, -, porniți, - *neg* -, nu porni, -, -, nu porniți, - • **inf** a porni • **ger** pornind • **pp** pornit

porunci /order, command/ • **ind** *pre* poruncesc, poruncești, poruncește, poruncim, porunciți, poruncesc *imp* porunceam, porunceai, poruncea, porunceam, porunceați, porunceau *prt* poruncii, porunciși, porunci, poruncirăm, poruncirăți, porunciră *plu* poruncisem, porunciseși, poruncise, porunciserăm, porunciserăți, porunciseră • **sub** *pre* să poruncesc, să poruncești, să poruncească, să poruncim, să porunciți, să poruncească • **imp** _aff_ -, poruncește, -, -, porunciți, - _neg_ -, nu porunci, -, -, nu porunciți, - • **inf** a porunci • **ger** poruncind • **pp** poruncit

potrivi /arrange, adjust/ • **ind** _pre_ potrivesc, potrivești, potrivește, potrivim, potriviți, potrivesc _imp_ potriveam, potriveai, potrivea, potriveam, potriveați, potriveau _prt_ potrivii, potrivisi, potrivi, potrivirăm, potrivirăți, potriviră _plu_ potrivisem, potrivisesi, potrivise, potriviserăm, potriviserăți, potriviseră • **sub** _pre_ să potrivesc, să potrivești, să potrivească, să potrivim, să potriviți, să potrivească • **imp** _aff_ -, potrivește, -, -, potriviți, - _neg_ -, nu potrivi, -, -, nu potriviți, - • **inf** a potrivi • **ger** potrivind • **pp** potrivit

prefera /prefer/ • **ind** _pre_ prefer, preferi, preferă, preferăm, preferați, preferă _imp_ preferam, preferai, prefera, preferam, preferați, preferau _prt_ preferai, preferași, preferă, preferarăm, preferarăți, preferară _plu_ preferasem, preferasesi, preferase, preferaserăm, preferaserăți, preferaseră • **sub** _pre_ să prefer, să preferi, să prefere, să preferăm, să preferați, să prefere • **imp** _aff_ -, preferă, -, -, preferați, - _neg_ -, nu prefera, -, -, nu preferați, - • **inf** a prefera • **ger** preferând • **pp** preferat

prelungi /prolong, elongate/ • **ind** _pre_ prelungesc, prelungești, prelungește, prelungim, prelungiți, prelungesc _imp_ prelungeam, prelungeai, prelungea, prelungeam, prelungeați, prelungeau _prt_ prelungii, prelungisi, prelungi, prelungirăm, prelungirăți, prelungiră _plu_ prelungisem, prelungisesi, prelungise, prelungiserăm, prelungiserăți, prelungiseră • **sub** _pre_ să prelungesc, să prelungești, să prelungească, să prelungim, să prelungiți, să prelungească • **imp** _aff_ -, prelungește, -, -, prelungiți, - _neg_ -, nu prelungi, -, -, nu prelungiți, - • **inf** a prelungi • **ger** prelungind • **pp** prelungit

prescrie /prescribe/ • **ind** _pre_ prescriu, prescrii, prescrie, prescriem, prescrieți, prescriu _imp_ prescriam, prescriai, prescria, prescriam, prescriați, prescriau _prt_ prescrisei, prescrisesi, prescrise, prescriserăm, prescriserăți, prescriseră _plu_ prescrisesem, prescrisesesi, prescrisese, prescriseserăm, prescriseserăți, prescriseseră • **sub** _pre_ să prescriu, să prescrii, să prescrie, să prescriem, să prescrieți, să prescrie • **imp** _aff_ -, prescrie, -, -, prescrieți, - _neg_ -, nu prescrie, -, -, nu prescrieți, - • **inf** a prescrie • **ger** prescriind • **pp** prescris

presupune /suppose, assume/ • **ind** *pre* presupun, presupui, presupune, presupunem, presupuneți, presupun *imp* presupuneam, presupuneai, presupunea, presupuneam, presupuneați, presupuneau *prt* presupusei, presupuseși, presupuse, presupuserăm, presupuserăți, presupuseră *plu* presupusesem, presupuseseși, presupusese, presupuseserăm, presupuseserăți, presupuseseră • **sub** *pre* să presupun, să presupui, să presupună, să presupunem, să presupuneți, să presupună • **imp** *aff* -, presupune, -, -, presupuneți, - *neg* -, nu presupune, -, -, nu presupuneți, - • **inf** a presupune • **ger** presupunând • **pp** presupus

pretinde /pretend, claim/ • **ind** *pre* pretind, pretinzi, pretinde, pretindem, pretindeți, pretind *imp* pretindeam, pretindeai, pretindea, pretindeam, pretindeați, pretindeau *prt* pretinsei, pretinseși, pretinse, pretinserăm, pretinserăți, pretinseră *plu* pretinsesem, pretinseseși, pretinsese, pretinseserăm, pretinseserăți, pretinseseră • **sub** *pre* să pretind, să pretinzi, să pretindă, să pretindem, să pretindeți, să pretindă • **imp** *aff* -, pretinde, -, -, pretindeți, - *neg* -, nu pretinde, -, -, nu pretindeți, - • **inf** a pretinde • **ger** pretinzând • **pp** pretins

preveni /warn, prevent/ • **ind** *pre* previn, previi, previne, prevenim, preveniți, previn *imp* preveneam, preveneai, prevenea, preveneam, preveneați, preveneau *prt* prevenii, previniși, preveni, prevenirăm, prevenirăți, preveniră *plu* prevenisem, preveniseși, prevenise, preveniserăm, preveniserăți, preveniseră • **sub** *pre* să previn, să previi, să prevină, să prevenim, să preveniți, să prevină • **imp** *aff* -, previno, -, -, preveniți, - *neg* -, nu preveni, -, -, nu preveniți, - • **inf** a preveni • **ger** prevenind • **pp** prevenit

prezice /predict, foretell/ • **ind** *pre* prezic, prezici, prezice, prezicem, preziceți, prezic *imp* preziceam, preziceai, prezicea, preziceam, preziceați, preziceau *prt* prezisei, preziseși, prezise, preziserăm, preziserăți, preziseră *plu* prezisesem, prezisesеși, prezisese, preziseserăm, preziseserăți, preziseseră • **sub** *pre* să prezic, să prezici, să prezică, să prezicem, să preziceți, să prezică • **imp** *aff* -, prezi, -, -, preziceți, - *neg* -, nu prezice, -, -, nu preziceți, - • **inf** a prezice • **ger** prezicând • **pp** prezis

pricepe /understand, be good/ • **ind** *pre* pricep, pricepi, pricepe, pricepem, pricepeți, pricep *imp* pricepeam, pricepeai, pricepea, pricepeam, pricepeați, pricepeau *prt* pricepui, pricepuși, pricepu, pricepurăm, pricepurăți, pricepură _plu_ pricepusem, pricepuseși, pricepuse, pricepuserăm, pricepuserăți, pricepuseră • **sub** _pre_ să pricep, să pricepi, să priceapă, să pricepem, să pricepeți, să priceapă • **imp** _aff_ -, pricepe, -, -, pricepeți, - _neg_ -, nu pricepe, -, -, nu pricepeți, - • **inf** a pricepe • **ger** pricepând • **pp** priceput

prinde /catch, capture/ • **ind** _pre_ prind, prinzi, prinde, prindem, prindeți, prind _imp_ prindeam, prindeai, prindea, prindeam, prindeați, prindeau _prt_ prinsei, prinseși, prinse, prinserăm, prinserăți, prinseră _plu_ prinsesem, prinseseși, prinsese, prinseserăm, prinseserăți, prinseseră • **sub** _pre_ să prind, să prinzi, să prindă, să prindem, să prindeți, să prindă • **imp** _aff_ -, prinde, -, -, prindeți, - _neg_ -, nu prinde, -, -, nu prindeți, - • **inf** a prinde • **ger** prinzând • **pp** prins

proba /prove, demonstrate/ • **ind** _pre_ probez, probezi, probează, probăm, probați, probează _imp_ probam, probai, proba, probam, probați, probau _prt_ probai, probași, probă, probarăm, probarăți, probară _plu_ probasem, probaseși, probase, probaserăm, probaserăți, probaseră • **sub** _pre_ să probez, să probezi, să probeze, să probăm, să probați, să probeze • **imp** _aff_ -, probează, -, -, probați, - _neg_ -, nu proba, -, -, nu probați, - • **inf** a proba • **ger** probând • **pp** probat

produce /produce/ • **ind** _pre_ produc, produci, produce, producem, produceți, produc _imp_ produceam, produceai, producea, produceam, produceați, produceau _prt_ produsei, produseși, produse, produserăm, produserăți, produseră _plu_ produsesem, produseseși, produsese, produseserăm, produseserăți, produseseră • **sub** _pre_ să produc, să produci, să producă, să producem, să produceți, să producă • **imp** _aff_ -, produ, -, -, produceți, - _neg_ -, nu produce, -, -, nu produceți, - • **inf** a produce • **ger** producând • **pp** produs

propune /propose, suggest or recommend/ • **ind** _pre_ propun, propui, propune, propunem, propuneți, propun _imp_ propuneam, propuneai, propunea, propuneam, propuneați, propuneau _prt_ propusei, propuseși, propuse, propuserăm, propuserăți, propuseră _plu_ propusesem, propuseseși, propusese, propuseserăm, propuseserăți, propuseseră • **sub** _pre_ să propun, să propui, să propună, să propunem, să propuneți, să propună • **imp** _aff_ -, propune, -, -, propuneți, - _neg_ -, nu propune, -, -, nu propuneți,

– • **inf** a propune • **ger** propunând • **pp** propus

prosti /fool, trick/ • **ind** *pre* prostesc, prostești, prostește, prostim, prostiți, prostesc *imp* prosteam, prosteai, prostea, prosteam, prosteați, prosteau *prt* prostii, prostiși, prosti, prostirăm, prostirăți, prostiră *plu* prostisem, prostiseși, prostise, prostiserăm, prostiserăți, prostiseră • **sub** *pre* să prostesc, să prostești, să prostească, să prostim, să prostiți, să prostească • **imp** *aff* -, prostește, -, -, prostiți, - *neg* -, nu prosti, -, -, nu prostiți, - • **inf** a prosti • **ger** prostind • **pp** prostit

proteja /protect/ • **ind** *pre* protejez, protejezi, protejează, protejăm, protejați, protejează *imp* protejam, protejai, protejam, protejați, protejau *prt* protejai, protejași, protejă, protejarăm, protejarăți, protejară *plu* protejasem, protejaseși, protejase, protejaserăm, protejaserăți, protejaseră • **sub** *pre* să protejez, să protejezi, să protejeze, să protejăm, să protejați, să protejeze • **imp** *aff* -, protejează, -, -, protejați, - *neg* -, nu proteja, -, -, nu protejați, - • **inf** a proteja • **ger** protejând • **pp** protejat

pupa /kiss/ • **ind** *pre* pup, pupi, pupă, pupăm, pupați, pupă *imp* pupam, pupai, pupa, pupam, pupați, pupau *prt* pupai, pupași, pupă, puparăm, puparăți, pupară *plu* pupasem, pupaseși, pupase, pupaserăm, pupaserăți, pupaseră • **sub** *pre* să pup, să pupi, să pupe, să pupăm, să pupați, să pupe • **imp** *aff* -, pupă, -, -, pupați, - *neg* -, nu pupa, -, -, nu pupați, - • **inf** a pupa • **ger** pupând • **pp** pupat

purifica /purify/ • **ind** *pre* purific, purifici, purifică, purificăm, purificați, purifică *imp* purificam, purificai, purifica, purificam, purificați, purificau *prt* purificai, purificași, purifică, purificarăm, purificarăți, purificară *plu* purificasem, purificaseși, purificase, purificaserăm, purificaserăți, purificaseră • **sub** *pre* să purific, să purifici, să purifice, să purificăm, să purificați, să purifice • **imp** *aff* -, purifică, -, -, purificați, - *neg* -, nu purifica, -, -, nu purificați, - • **inf** a purifica • **ger** purificând • **pp** purificat

purta /wear, carry/ • **ind** *pre* port, porți, poartă, purtăm, purtați, poartă *imp* purtam, purtai, purta, purtam, purtați, purtau *prt* purtai, purtași, purtă, purtarăm, purtarăți, purtară *plu* purtasem, purtaseși, purtase, purtaserăm, purtaserăți, purtaseră •

putea

sub *pre* să port, să porți, să poarte, să purtăm, să purtați, să poarte • **imp** *aff* -, poartă, -, -, purtați, - *neg* -, nu purta, -, -, nu purtați, - • **inf** a purta • **ger** purtând • **pp** purtat

putea /be able to, can/ • **ind** *pre* pot, poți, poate, putem, puteți, pot *imp* puteam, puteai, putea, puteam, puteați, puteau *prt* putui, putuși, putu, puturăm, puturăți, pututră *plu* putusem, putuseși, putuse, putuserăm, putuserăți, putuseră • **sub** *pre* să pot, să poți, să poată, să putem, să puteți, să poată • **imp** *aff* -, poate, -, -, puteți, - *neg* -, nu putea, -, -, nu puteți, - • **inf** a putea • **ger** putând • **pp** putut

putrezi /rot, decay/ • **ind** *pre* putrezesc, putrezești, putrezește, putrezim, putreziți, putrezesc *imp* putrezeam, putrezeai, putrezea, putrezeam, putrezeați, putrezeau *prt* putrezii, putreziși, putrezi, putrezirăm, putrezirăți, putreziră *plu* putrezisem, putreziseși, putrezise, putreziserăm, putreziserăți, putreziseră • **sub** *pre* să putrezesc, să putrezești, să putrezească, să putrezim, să putreziți, să putrezească • **imp** *aff* -, putrezește, -, -, putreziți, - *neg* -, nu putrezi, -, -, nu putreziți, - • **inf** a putrezi • **ger** putrezind • **pp** putrezit

R

rade /shave, shave oneself/ • **ind** *pre* rad, razi, rade, radem, radeți, rad *imp* rădeam, rădeai, rădea, rădeam, rădeați, rădeau *prt* răsei, răseși, rase, răserăm, răserăți, răseră *plu* răsesem, răseseși, răsese, răseserăm, răseserăți, răseseră • **sub** *pre* să rad, să razi, să radă, să radem, să radeți, să radă • **imp** *aff* -, rade, -, -, radeți, - *neg* -, nu rade, -, -, nu radeți, - • **inf** a rade • **ger** răzând • **pp** ras

recupera /recover, recuperate/ • **ind** *pre* recuperez, recuperezi, recuperează, recuperăm, recuperați, recuperează *imp* recuperam, recuperai, recupera, recuperam, recuperați, recuperau *prt* recuperai, recuperași, recuperă, recuperarăm, recuperarăți, recuperară *plu* recuperasem, recuperaseși, recuperase, recuperaserăm, recuperaserăți, recuperaseră • **sub** *pre* să recuperez, să recuperezi, să recupereze, să recuperăm, să recuperați, să recupereze • **imp** *aff* -, recuperează, -, -, recuperați, -

neg -, nu recupera, -, -, nu recuperați, - • **inf** a recupera • **ger** recuperând • **pp** recuperat

reduce /reduce, lessen/ • **ind** *pre* reduc, reduci, reduce, reducem, reduceți, reduc *imp* reduceam, reduceai, reducea, reduceam, reduceați, reduceau *prt* redusei, reduseși, reduse, reduserăm, reduserăți, reduseră *plu* redusesem, reduseseși, redusese, reduseserăm, reduseserăți, reduseseră • **sub** *pre* să reduc, să reduci, să reducă, să reducem, să reduceți, să reducă • **imp** *aff* -, redu, -, -, reduceți, - *neg* -, nu reduce, -, -, nu reduceți, - • **inf** a reduce • **ger** reducând • **pp** redus

refuza /refuse/ • **ind** *pre* refuz, refuzi, refuză, refuzăm, refuzați, refuză *imp* refuzam, refuzai, refuza, refuzam, refuzați, refuzau *prt* refuzai, refuzași, refuză, refuzarăm, refuzarăți, refuzară *plu* refuzasem, refuzaseși, refuzase, refuzaserăm, refuzaserăți, refuzaseră • **sub** *pre* să refuz, să refuzi, să refuze, să refuzăm, să refuzați, să refuze • **imp** *aff* -, refuză, -, -, refuzați, - *neg* -, nu refuza, -, -, nu refuzați, - • **inf** a refuza • **ger** refuzând • **pp** refuzat

regla /set, adjust/ • **ind** *pre* reglez, reglezi, reglează, reglăm, reglați, reglează *imp* reglam, reglai, regla, reglam, reglați, reglau *prt* reglai, reglași, reglă, reglarăm, reglarăți, reglară *plu* reglasem, reglaseși, reglase, reglaserăm, reglaserăți, reglaseră • **sub** *pre* să reglez, să reglezi, să regleze, să reglăm, să reglați, să regleze • **imp** *aff* -, reglează, -, -, reglați, - *neg* -, nu regla, -, -, nu reglați, - • **inf** a regla • **ger** reglând • **pp** reglat

regula /arrange, set in order/ • **ind** *pre* regulez, regulezi, regulează, regulăm, regulați, regulează *imp* regulam, regulai, regula, regulam, regulați, regulau *prt* regulai, regulași, regulă, regularăm, regularăți, regulară *plu* regulasem, regulaseși, regulase, regulaserăm, regulaserăți, regulaseră • **sub** *pre* să regulez, să regulezi, să reguleze, să regulăm, să regulați, să reguleze • **imp** *aff* -, regulează, -, -, regulați, - *neg* -, nu regula, -, -, nu regulați, - • **inf** a regula • **ger** regulând • **pp** regulat

relua /take back, retake/ • **ind** *pre* reiau, reiei, reia, reluăm, reluați, reiau *imp* reluam, reluai, relua, reluam, reluați, reluau *prt* reluai, reluași, relua, reluarăm, reluarăți, reluară *plu* reluasem, reluaseși, reluase, reluaserăm, reluaserăți, reluaseră • **sub** *pre* să reiau, să reiei, să reia, să reluăm, să reluați, să reia

• **imp** *aff* -, reia, -, -, reluați, - *neg* -, nu relua, -, -, nu reluați, - • **inf** a relua • **ger** reluând • **pp** reluat

repeta /repeat/ • **ind** *pre* repet, repeți, repetă, repetăm, repetați, repetă *imp* repetam, repetai, repeta, repetam, repetați, repetau *prt* repetai, repetași, repetă, repetarăm, repetarăți, repetară *plu* repetasem, repetasesi, repetase, repetaserăm, repetaserăți, repetaseră • **sub** *pre* să repet, să repeți, să repete, să repetăm, să repetați, să repete • **imp** *aff* -, repetă, -, -, repetați, - *neg* -, nu repeta, -, -, nu repetați, - • **inf** a repeta • **ger** repetând • **pp** repetat

repezi /hurry, rush/ • **ind** *pre* repezesc, repezești, repezește, repezim, repeziți, repezesc *imp* repezeam, repezeai, repezea, repezeam, repezeați, repezeau *prt* repezii, repezisi, repezi, repezirăm, repezirăți, repeziră *plu* repezisem, repezisesi, repezise, repeziserăm, repeziserăți, repeziseră • **sub** *pre* să repezesc, să repezești, să repezească, să repezim, să repeziți, să repezească • **imp** *aff* -, repezește, -, -, repeziți, - *neg* -, nu repezi, -, -, nu repeziți, - • **inf** a repezi • **ger** repezind • **pp** repezit

replica /replicate/ • **ind** *pre* replic, replici, replică, replicăm, replicați, replică *imp* replicam, replicai, replica, replicam, replicați, replicau *prt* replicai, replicași, replică, replicarăm, replicarăți, replicară *plu* replicasem, replicasesi, replicase, replicaserăm, replicaserăți, replicaseră • **sub** *pre* să replic, să replici, să replice, să replicăm, să replicați, să replice • **imp** *aff* -, replică, -, -, replicați, - *neg* -, nu replica, -, -, nu replicați, - • **inf** a replica • **ger** replicând • **pp** replicat

rescrie /rewrite, copy/ • **ind** *pre* rescriu, rescrii, rescrie, rescriem, rescrieți, rescriu *imp* rescriam, rescriai, rescria, rescriam, rescriați, rescriau *prt* rescrisei, rescrisesi, rescrise, rescriserăm, rescriserăți, rescriseră *plu* rescrisesem, rescrisesesi, rescrisese, rescriseserăm, rescriseserăți, rescriseseră • **sub** *pre* să rescriu, să rescrii, să rescrie, să rescriem, să rescrieți, să rescrie • **imp** *aff* -, rescrie, -, -, rescrieți, - *neg* -, nu rescrie, -, -, nu rescrieți, - • **inf** a rescrie • **ger** rescriind • **pp** rescris

respira /breathe/ • **ind** *pre* respir, respiri, respiră, respirăm, respirați, respiră *imp* respiram, respirai, respira, respiram, respirați, respirau *prt* respirai, respirași, respiră, respirarăm, respirarăți, respirară *plu* respirasem, respiraseși, respirase, respiraserăm, respiraserăți, respiraseră • **sub** *pre* să respir, să respiri, să respire, să respirăm, să respirați, să respire • **imp** *aff* -, respiră, -, -, respirați, - *neg* -, nu respira, -, -, nu respirați, - • **inf** a respira • **ger** respirând • **pp** respirat

retrage /retreat, withdraw/ • **ind** *pre* retrag, retragi, retrage, retragem, retrageți, retrag *imp* retrageam, retrageai, retragea, retrageam, retrageați, retrageau *prt* retrăsei, retraseși, retrase, retraserăm, retraserăți, retraseră *plu* retrasesem, retraseseși, retrasese, retraseserăm, retraseserăți, retraseseră • **sub** *pre* să retrag, să retragi, să retragă, să retragem, să retrageți, să retragă • **imp** *aff* -, retrage, -, -, retrageți, - *neg* -, nu retrage, -, -, nu retrageți, - • **inf** a retrage • **ger** retrăgând • **pp** retras

returna /return/ • **ind** *pre* returnez, returnezi, returnează, returnăm, returnați, returnează *imp* returnam, returnai, returna, returnam, returnați, returnau *prt* returnai, returnași, returnă, returnarăm, returnarăți, returnară *plu* returnasem, returnaseși, returnase, returnaserăm, returnaserăți, returnaseră • **sub** *pre* să returnez, să returnezi, să returneze, să returnăm, să returnați, să returneze • **imp** *aff* -, returnează, -, -, returnați, - *neg* -, nu returna, -, -, nu returnați, - • **inf** a returna • **ger** returnând • **pp** returnat

revedea /see again, meet again/ • **ind** *pre* revăd, revezi, revede, revedem, revedeți, revăd *imp* revedeam, revedeai, revedea, revedeam, revedeați, revedeau *prt* revăzui, revăzuși, revăzu, revăzurăm, revăzurăți, revăzură *plu* revăzusem, revăzuseși, revăzuse, revăzuserăm, revăzuserăți, revăzuseră • **sub** *pre* să revăd, să revezi, să revadă, să revedem, să revedeți, să revadă • **imp** *aff* -, revezi, -, -, revedeți, - *neg* -, nu revedea, -, -, nu revedeți, - • **inf** a revedea • **ger** revăzând • **pp** revăzut

rezista /resist/ • **ind** *pre* rezist, reziști, rezistă, rezistăm, rezistați, rezistă *imp* rezistam, rezistai, rezista, rezistam, rezistați, rezistau *prt* rezistai, rezistași, rezistă, rezistarăm, rezistarăți, rezistară *plu* rezistasem, rezistaseși, rezistase, rezistaserăm, rezistaserăți, rezistaseră • **sub** *pre* să rezist, să reziști, să reziste, să rezistăm, să rezistați, să reziste • **imp** *aff* -, rezistă, -, -, rezistați, - *neg* -, nu rezista, -, -, nu rezistați, - • **inf** a rezista • **ger** rezistând • **pp** rezistat

rezolva /resolve/ • **ind** _pre_ rezolv, rezolvi, rezolvă, rezolvăm, rezolvați, rezolvă _imp_ rezolvam, rezolvai, rezolva, rezolvam, rezolvați, rezolvau _prt_ rezolvai, rezolvași, rezolvă, rezolvarăm, rezolvarăți, rezolvară _plu_ rezolvasem, rezolvaseși, rezolvase, rezolvaserăm, rezolvaserăți, rezolvaseră • **sub** _pre_ să rezolv, să rezolvi, să rezolve, să rezolvăm, să rezolvați, să rezolve • **imp** _aff_ -, rezolvă, -, -, rezolvați, - _neg_ -, nu rezolva, -, -, nu rezolvați, - • **inf** a rezolva • **ger** rezolvând • **pp** rezolvat

ridica /lift, elevate/ • **ind** _pre_ ridic, ridici, ridică, ridicăm, ridicați, ridică _imp_ ridicam, ridicai, ridica, ridicam, ridicați, ridicau _prt_ ridicai, ridicași, ridică, ridicarăm, ridicarăți, ridicară _plu_ ridicasem, ridicaseși, ridicase, ridicaserăm, ridicaserăți, ridicaseră • **sub** _pre_ să ridic, să ridici, să ridice, să ridicăm, să ridicați, să ridice • **imp** _aff_ -, ridică, -, -, ridicați, - _neg_ -, nu ridica, -, -, nu ridicați, - • **inf** a ridica • **ger** ridicând • **pp** ridicat

risca /risk/ • **ind** _pre_ risc, riști, riscă, riscăm, riscați, riscă _imp_ riscam, riscai, risca, riscam, riscați, riscau _prt_ riscai, riscași, riscă, riscarăm, riscarăți, riscară _plu_ riscasem, riscaseși, riscase, riscaserăm, riscaserăți, riscaseră • **sub** _pre_ să risc, să riști, să riște, să riscăm, să riscați, să riște • **imp** _aff_ -, riscă, -, -, riscați, - _neg_ -, nu risca, -, -, nu riscați, - • **inf** a risca • **ger** riscând • **pp** riscat

risipi /strew, scatter/ • **ind** _pre_ risipesc, risipești, risipește, risipim, risipiți, risipesc _imp_ risipeam, risipeai, risipea, risipeam, risipeați, risipeau _prt_ risipii, risipiși, risipi, risipirăm, risipirăți, risipiră _plu_ risipisem, risipiseși, risipise, risipiserăm, risipiserăți, risipiseră • **sub** _pre_ să risipesc, să risipești, să risipească, să risipim, să risipiți, să risipească • **imp** _aff_ -, risipește, -, -, risipiți, - _neg_ -, nu risipi, -, -, nu risipiți, - • **inf** a risipi • **ger** risipind • **pp** risipit

roade /gnaw, nibble/ • **ind** _pre_ rod, rozi, roade, roadem, roadeți, rod _imp_ rodeam, rodeai, rodea, rodeam, rodeați, rodeau _prt_ rosei, roseși, roase, roaserăm, roaserăți, roaseră _plu_ rosesem, roseseși, rosese, roseserăm, roseserăți, roseseră • **sub** _pre_ să rod, să rozi, să roadă, să roadem, să roadeți, să roadă • **imp** _aff_ -, roade, -, -, roadeți, - _neg_ -, nu roade, -, -, nu roadeți, - • **inf** a roade • **ger** rozând • **pp** ros

robi /enslave, enthrall/ • **ind** *pre* robesc, robești, robește, robim, robiți, robesc *imp* robeam, robeai, robea, robeam, robeați, robeau *prt* robii, robiși, robi, robirăm, robirăți, robiră *plu* robisem, robiseși, robise, robiserăm, robiserăți, robiseră • **sub** *pre* să robesc, să robești, să robească, să robim, să robiți, să robească • **imp** *aff* -, robește, -, -, robiți, - *neg* -, nu robi, -, -, nu robiți, - • **inf** a robi • **ger** robind • **pp** robit

rosti /say, utter/ • **ind** *pre* rostesc, rostești, rostește, rostim, rostiți, rostesc *imp* rosteam, rosteai, rostea, rosteam, rosteați, rosteau *prt* rostii, rostiși, rosti, rostirăm, rostirăți, rostiră *plu* rostisem, rostiseși, rostise, rostiserăm, rostiserăți, rostiseră • **sub** *pre* să rostesc, să rostești, să rostească, să rostim, să rostiți, să rostească • **imp** *aff* -, rostește, -, -, rostiți, - *neg* -, nu rosti, -, -, nu rostiți, - • **inf** a rosti • **ger** rostind • **pp** rostit

roti /rotate, spin/ • **ind** *pre* rotesc, rotești, rotește, rotim, rotiți, rotesc *imp* roteam, roteai, rotea, roteam, roteați, roteau *prt* rotii, rotiși, roti, rotirăm, rotirăți, rotiră *plu* rotisem, rotiseși, rotise, rotiserăm, rotiserăți, rotiseră • **sub** *pre* să rotesc, să rotești, să rotească, să rotim, să rotiți, să rotească • **imp** *aff* -, rotește, -, -, rotiți, - *neg* -, nu roti, -, -, nu rotiți, - • **inf** a roti • **ger** rotind • **pp** rotit

ruga /ask, pray/ • **ind** *pre* rog, rogi, roagă, rugăm, rugați, roagă *imp* rugam, rugai, ruga, rugam, rugați, rugau *prt* rugai, rugași, rugă, rugarăm, rugarăți, rugară *plu* rugasem, rugaseși, rugase, rugaserăm, rugaserăți, rugaseră • **sub** *pre* să rog, să rogi, să roage, să rugăm, să rugați, să roage • **imp** *aff* -, roagă, -, -, rugați, - *neg* -, nu ruga, -, -, nu rugați, - • **inf** a ruga • **ger** rugând • **pp** rugat

ruina /ruin/ • **ind** *pre* ruinez, ruinezi, ruinează, ruinăm, ruinați, ruinează *imp* ruinam, ruinai, ruina, ruinam, ruinați, ruinau *prt* ruinai, ruinași, ruină, ruinarăm, ruinarăți, ruinară *plu* ruinasem, ruinaseși, ruinase, ruinaserăm, ruinaserăți, ruinaseră • **sub** *pre* să ruinez, să ruinezi, să ruineze, să ruinăm, să ruinați, să ruineze • **imp** *aff* -, ruinează, -, -, ruinați, - *neg* -, nu ruina, -, -, nu ruinați, - • **inf** a ruina • **ger** ruinând • **pp** ruinat

rula /roll, roll up/ • **ind** *pre* rulez, rulezi, rulează, rulăm, rulați, rulează *imp* rulam, rulai, rula, rulam, rulați, rulau *prt* rulai, rulași, rulă, rularăm, rularăți, rulară *plu* rulasem, rulaseși, rulase, rulaserăm, rulaserăți, rulaseră • **sub** _pre_ să rulez, să rulezi, să ruleze, să rulăm, să rulați, să ruleze • **imp** _aff_ -, rulează, -, -, rulați, - _neg_ -, nu rula, -, -, nu rulați, - • **inf** a rula • **ger** rulând • **pp** ru.at

rupe /break/ • **ind** _pre_ rup, rupi, rupe, rupem, rupeți, rup _imp_ rupeam, rupeai, rupea, rupeam, rupeați, rupeau _prt_ rupsei, rupseși, rupse, rupserăm, rupserăți, rupseră _plu_ rupsesem, rupseseși, rupsese, rupseserăm, rupseserăți, rupseseră • **sub** _pre_ să rup, să rupi, să rupă, să rupem, să rupeți, să rupă • **imp** _aff_ -, rupe, -, -, rupeți, - _neg_ -, nu rupe, -, -, nu rupeți, - • **inf** a rupe • **ger** rupând • **pp** rupt

S

sacrifica /sacrifice/ • **ind** _pre_ sacrific, sacrifici, sacrifică, sacrificăm, sacrificați, sacrifică _imp_ sacrificam, sacrificai, sacrifica, sacrificam, sacrificați, sacrificau _prt_ sacrificai, sacrificași, sacrifică, sacrificarăm, sacrificarăți, sacrificară _plu_ sacrificasem, sacrificaseși, sacrificase, sacrificaserăm, sacrificaserăți, sacrificaseră • **sub** _pre_ să sacrific, să sacrifici, să sacrifice, să sacrificăm, să sacrificați, să sacrifice • **imp** _aff_ -, sacrifică, -, -, sacrificați, - _neg_ -, nu sacrifica, -, -, nu sacrificați, - • **inf** a sacrifica • **ger** sacrificând • **pp** sacrificat

saluta /greet, salute/ • **ind** _pre_ salut, saluți, salută, salutăm, salutați, salută _imp_ salutam, salutai, saluta, salutam, salutați, salutau _prt_ salutai, salutași, salută, salutarăm, salutarăți, salutară _plu_ salutasem, salutaseși, salutase, salutaserăm, salutaserăți, salutaseră • **sub** _pre_ să salut, să saluți, să salute, să salutăm, să salutați, să salute • **imp** _aff_ -, salută, -, -, salutați, - _neg_ -, nu saluta, -, -, nu salutați, - • **inf** a saluta • **ger** salutând • **pp** salutat

salva /save, rescue/ • **ind** _pre_ salvez, salvezi, salvează, salvăm, salvați, salvează _imp_ salvam, salvai, salva, salvam, salvați, salvau _prt_ salvai, salvași, salvă, salvarăm, salvarăți, salvară _plu_ salvasem, salvaseși, salvase, salvaserăm, salvaserăți, salvaseră • **sub** _pre_ să salvez, să salvezi, să salveze, să salvăm, să salvați, să salveze • imp *aff* -, salvează, -, -, salvaţi, - *neg* -, nu salva, -, -, nu salvaţi, - • inf a salva • ger salvând • pp salvat

satisface /satisfy/ • ind *pre* satisfac, satisfaci, satisface, satisfacem, satisfaceţi, satisfac *imp* satisfăceam, satisfăceai, satisfăcea, satisfăceam, satisfăceaţi, satisfăceau *prt* satisfăcui, satisfăcuşi, satisfăcu, satisfăcurăm, satisfăcurăţi, satisfăcură *plu* satisfăcusem, satisfăcuseşi, satisfăcuse, satisfăcuserăm, satisfăcuserăţi, satisfăcuseră • sub *pre* să satisfac, să satisfaci, să satisfacă, să satisfacem, să satisfaceţi, să satisfacă • imp *aff* -, satisfă, -, -, satisfaceţi, - *neg* -, nu satisface, -, -, nu satisfaceţi, - • inf a satisface • ger satisfăcând • pp satisfăcut

schimba /modify, alter/ • ind *pre* schimb, schimbi, schimbă, schimbăm, schimbaţi, schimbă *imp* schimbam, schimbai, schimba, schimbam, schimbaţi, schimbau *prt* schimbai, schimbaşi, schimbă, schimbarăm, schimbarăţi, schimbară *plu* schimbasem, schimbaseşi, schimbase, schimbaserăm, schimbaserăţi, schimbaseră • sub *pre* să schimb, să schimbi, să schimbe, să schimbăm, să schimbaţi, să schimbe • imp *aff* -, schimbă, -, -, schimbaţi, - *neg* -, nu schimba, -, -, nu schimbaţi, - • inf a schimba • ger schimbând • pp schimbat

scoate /remove, take out/ • ind *pre* scot, scoţi, scoate, scoatem, scoateţi, scot *imp* scoteam, scoteai, scotea, scoteam, scoteaţi, scoteau *prt* scosei, scoseşi, scoase, scoaserăm, scoaserăţi, scoaseră *plu* scosesem, scoseseşi, scosese, scoseserăm, scoseserăţi, scoseseră • sub *pre* să scot, să scoţi, să scoată, să scoatem, să scoateţi, să scoată • imp *aff* -, scoate, -, -, scoateţi, - *neg* -, nu scoate, -, -, nu scoateţi, - • inf a scoate • ger scoţând • pp scos

scrie /write/ • ind *pre* scriu, scrii, scrie, scriem, scrieţi, scriu *imp* scriam, scriai, scria, scriam, scriaţi, scriau *prt* scrisei, scriseşi, scrise, scriserăm, scriserăţi, scriseră *plu* scrisesem, scriseseşi, scrisese, scriseserăm, scriseserăţi, scriseseră • sub *pre* să scriu, să scrii, să scrie, să scriem, să scrieţi, să scrie • imp *aff* -, scrie, -, -, scrieţi, - *neg* -, nu scrie, -, -, nu scrieţi, - • inf a scrie • ger scriind • pp scris

scufunda /sink, submerge/ • ind *pre* scufund, scufunzi, scufundă, scufundăm, scufundaţi, scufundă *imp* scufundam, scufundai, scufunda, scufundam, scufundaţi, scufundau *prt* scufundai, scufundași, scufundă, scufundarăm, scufundarăți, scufundară *plu* scufundasem, scufundaseși, scufundase, scufundaserăm, scufundaserăți, scufundaseră • **sub** *pre* să scufund, să scufunzi, să scufunde, să scufundăm, să scufundați, să scufunde • **imp** *aff* -, scufundă, -, -, scufundați, - *neg* -, nu scufunda, -, -, nu scufundați, - • **inf** a scufunda • **ger** scufundând • **pp** scufundat

scuipa /spit, spit on/ • **ind** *pre* scuip, scuipi, scuipă, scuipăm, scuipați, scuipă *imp* scuipam, scuipai, scuipa, scuipam, scuipați, scuipau *prt* scuipai, scuipași, scuipă, scuiparăm, scuiparăți, scuipară *plu* scuipasem, scuipaseși, scuipase, scuipaserăm, scuipaserăți, scuipaseră • **sub** *pre* să scuip, să scuipi, să scuipe, să scuipăm, să scuipați, să scuipe • **imp** *aff* -, scuipă, -, -, scuipați, - *neg* -, nu scuipa, -, -, nu scuipați, - • **inf** a scuipa • **ger** scuipând • **pp** scuipat

scula /get up, stand up/ • **ind** *pre* scol, scoli, scoală, sculăm, sculați, scoală *imp* sculam, sculai, scula, sculam, sculați, sculau *prt* sculai, sculași, sculă, sculară m, sculară ți, sculară *plu* sculasem, sculaseși, sculase, sculaserăm, sculaserăți, sculaseră • **sub** *pre* să scol, să scoli, să scoale, să sculăm, să sculați, să scoale • **imp** *aff* -, scoală, -, -, sculați, - *neg* -, nu scula, -, -, nu sculați, - • **inf** a scula • **ger** sculând • **pp** sculat

scumpi /make more expensive, raise the price of/ • **ind** *pre* scumpesc, scumpești, scumpește, scumpim, scumpiți, scumpesc *imp* scumpeam, scumpeai, scumpea, scumpeam, scumpeați, scumpeau *prt* scumpii, scumpiși, scumpi, scumpirăm, scumpirăți, scumpiră *plu* scumpisem, scumpiseși, scumpise, scumpiserăm, scumpiserăți, scumpiseră • **sub** *pre* să scumpesc, să scumpești, să scumpească, să scumpim, să scumpiți, să scumpească • **imp** *aff* -, scumpește, -, -, scumpiți, - *neg* -, nu scumpi, -, -, nu scumpiți, - • **inf** a scumpi • **ger** scumpind • **pp** scumpit

scurge /drain, exhaust/ • **ind** *pre* scurg, scurgi, scurge, scurgem, scurgeți, scurg *imp* scurgeam, scurgeai, scurgea, scurgeam, scurgeați, scurgeau *prt* scursei, scurseși, scurse, scurserăm, scurserăți, scurseră *plu* scursesem, scurseseși, scursese, scurseserăm, scurseserăți, scurseseră • **sub** *pre* să scurg, să scurgi, să scurgă, să scurgem, să scurgeți, să scurgă • **imp** *aff* -, scurge, -, -, scurgeți, - *neg* -, nu scurge, -, -, nu scurgeți, - • **inf** a scurge • **ger** scurgând • **pp** scurs

scurta /shorten, abridge/ • **ind** *pre* scurtez, scurtezi, scurtează, scurtăm, scurtați, scurtează *imp* scurtam, scurtai, scurta, scurtam, scurtați, scurtau *prt* scurtai, scurtași, scurtă, scurtarăm, scurtarăți, scurtară *plu* scurtasem, scurtaseși, scurtase, scurtaserăm, scurtaserăți, scurtaseră • **sub** *pre* să scurtez, să scurtezi, să scurteze, să scurtăm, să scurtați, să scurteze • **imp** *aff* -, scurtează, -, -, scurtați, - *neg* -, nu scurta, -, -, nu scurtați, - • **inf** a scurta • **ger** scurtând • **pp** scurtat

scutura /shake, agitate/ • **ind** *pre* scutur, scuturi, scutură, scuturăm, scuturați, scutură *imp* scuturam, scuturai, scutura, scuturam, scuturați, scuturau *prt* scuturai, scuturași, scutură, scuturarăm, scuturarăți, scuturară *plu* scuturasem, scuturaseși, scuturase, scuturaserăm, scuturaserăți, scuturaseră • **sub** *pre* să scutur, să scuturi, să scuture, să scuturăm, să scuturați, să scuture • **imp** *aff* -, scutură, -, -, scuturați, - *neg* -, nu scutura, -, -, nu scuturați, - • **inf** a scutura • **ger** scuturând • **pp** scuturat

scuza /excuse, pardon/ • **ind** *pre* scuz, scuzi, scuză, scuzăm, scuzați, scuză *imp* scuzam, scuzai, scuza, scuzam, scuzați, scuzau *prt* scuzai, scuzași, scuză, scuzarăm, scuzarăți, scuzară *plu* scuzasem, scuzaseși, scuzase, scuzaserăm, scuzaserăți, scuzaseră • **sub** *pre* să scuz, să scuzi, să scuze, să scuzăm, să scuzați, să scuze • **imp** *aff* -, scuză, -, -, scuzați, - *neg* -, nu scuza, -, -, nu scuzați, - • **inf** a scuza • **ger** scuzând • **pp** scuzat

seduce /seduce/ • **ind** *pre* seduc, seduci, seduce, seducem, seduceți, seduc *imp* seduceam, seduceai, seducea, seduceam, seduceați, seduceau *prt* sedusei, seduseși, seduse, seduserăm, seduserăți, seduseră *plu* sedusesem, seduseseși, sedusese, seduseserăm, seduseserăți, seduseseră • **sub** *pre* să seduc, să seduci, să seducă, să seducem, să seduceți, să seducă • **imp** *aff* -, sedu, -, -, seduceți, - *neg* -, nu seduce, -, -, nu seduceți, - • **inf** a seduce • **ger** seducând • **pp** sedus

semna /sign/ • **ind** *pre* semnez, semnezi, semnează, semnăm, semnați, semnează *imp* semnam, semnai, semna, semnam, semnați, semnau *prt* semnai, semnași, semnă, semnarăm, semnarăți, semnară *plu* semnasem, semnaseși, semnase, semnaserăm, semnaserăți, semnaseră • **sub** *pre* să semnez, să semnezi, să semneze, să semnăm, să semnați, să semneze • **imp** *aff* -, semnează, -, -, semnați, - *neg* -, nu semna, -, -, nu semnați, - • **inf** a semna • **ger** semnând • **pp** semnat

separa /separate/ • **ind** *pre* separ, separi, separă, separăm, separaţi, separă *imp* separam, separai, separa, separam, separaţi, separau *prt* separai, separaşi, separă, separarăm, separarăţi, separară *plu* separasem, separaseşi, separase, separaserăm, separaserăţi, separaseră • **sub** *pre* să separ, să separi, să separe, să separăm, să separaţi, să separe • **imp** *aff* -, separă, -, -, separaţi, - *neg* -, nu separa, -, -, nu separaţi, - • **inf** a separa • **ger** separând • **pp** separat

servi /serve, serve up/ • **ind** *pre* servesc, serveşti, serveşte, servim, serviţi, servesc *imp* serveam, serveai, servea, serveam, serveaţi, serveau *prt* servii, servişi, servi, servirăm, servirăţi, serviră *plu* servisem, serviseşi, servise, serviserăm, serviserăţi, serviseră • **sub** *pre* să servesc, să serveşti, să servească, să servim, să serviţi, să servească • **imp** *aff* -, serveşte, -, -, serviţi, - *neg* -, nu servi, -, -, nu serviţi, - • **inf** a servi • **ger** servind • **pp** servit

simplifica /simplify/ • **ind** *pre* simplific, simplifici, simplifică, simplificăm, simplificaţi, simplifică *imp* simplificam, simplificai, simplifica, simplificam, simplificaţi, simplificau *prt* simplificai, simplificaşi, simplifică, simplificarăm, simplificarăţi, simplificară *plu* simplificasem, simplificaseşi, simplificase, simplificaserăm, simplificaserăţi, simplificaseră • **sub** *pre* să simplific, să simplifici, să simplifice, să simplificăm, să simplificaţi, să simplifice • **imp** *aff* -, simplifică, -, -, simplificaţi, - *neg* -, nu simplifica, -, -, nu simplificaţi, - • **inf** a simplifica • **ger** simplificând • **pp** simplificat

sinucide /commit suicide/ • **ind** *pre* sinucid, sinucizi, sinucide, sinucidem, sinucideţi, sinucid *imp* sinucideam, sinucideai, sinucidea, sinucideam, sinucideaţi, sinucideau *prt* sinucisei, sinuciseşi, sinucise, sinuciserăm, sinuciserăţi, sinuciseră *plu* sinucisesem, sinuciseseşi, sinucisese, sinuciseserăm, sinuciseserăţi, sinuciseseră • **sub** *pre* să sinucid, să sinucizi, să sinucidă, să sinucidem, să sinucideţi, să sinucidă • **imp** *aff* -, sinucide, -, -, sinucideţi, - *neg* -, nu sinucide, -, -, nu sinucideţi, - • **inf** a sinucide • **ger** sinucigând • **pp** sinucis

sluji /officiate, perform the functions of some office/ • **ind** *pre* slujesc, slujeşti, slujeşte, slujim, slujiţi, slujesc *imp* slujeam, slujeai, slujea, slujeam, slujeaţi, slujeau *prt* slujii, slujişi, sluji, slujirăm, slujirăţi, slujiră *plu* slujisem, slujiseşi, slujise, slujiserăm, slujiserăți, slujiseră • **sub** _pre_ să slujesc, să slujești, să slujească, să slujim, să slujiți, să slujească • **imp** _aff_ -, slujește, -, -, slujiți, - _neg_ -, nu sluji, -, -, nu slujiți, - • **inf** a sluji • **ger** slujind • **pp** slujit

smulge /wrest, wrench/ • **ind** _pre_ smulg, smulgi, smulge, smulgem, smulgeți, smulg _imp_ smulgeam, smulgeai, smulgea, smulgeam, smulgeați, smulgeau _prt_ smulsei, smulseși, smulse, smulserăm, smulserăți, smulseră _plu_ smulsesem, smulseseși, smulsese, smulseserăm, smulseserăți, smulseseră • **sub** _pre_ să smulg, să smulgi, să smulgă, să smulgem, să smulgeți, să smulgă • **imp** _aff_ -, smulge, -, -, smulgeți, - _neg_ -, nu smulge, -, -, nu smulgeți, - • **inf** a smulge • **ger** smulgând • **pp** smuls

sosi /arrive, come/ • **ind** _pre_ sosesc, sosești, sosește, sosim, sosiți, sosesc _imp_ soseam, soseai, sosea, soseam, soseați, soseau _prt_ sosii, sosiși, sosi, sosirăm, sosirăți, sosiră _plu_ sosisem, sosiseși, sosise, sosiserăm, sosiserăți, sosiseră • **sub** _pre_ să sosesc, să sosești, să sosească, să sosim, să sosiți, să sosească • **imp** _aff_ -, sosește, -, -, sosiți, - _neg_ -, nu sosi, -, -, nu sosiți, - • **inf** a sosi • **ger** sosind • **pp** sosit

sparge /break, burst/ • **ind** _pre_ sparg, spargi, sparge, spargem, spargeți, sparg _imp_ spărgeam, spărgeai, spărgea, spărgeam, spărgeați, spărgeau _prt_ sparsei, sparseși, sparse, sparserăm, sparserăți, sparseră _plu_ sparsesem, sparseseși, sparsese, sparseserăm, sparseserăți, sparseseră • **sub** _pre_ să sparg, să spargi, să spargă, să spargem, să spargeți, să spargă • **imp** _aff_ -, sparge, -, -, spargeți, - _neg_ -, nu sparge, -, -, nu spargeți, - • **inf** a sparge • **ger** spărgând • **pp** spart

spera /hope/ • **ind** _pre_ sper, speri, speră, sperăm, sperați, speră _imp_ speram, sperai, spera, speram, sperați, sperau _prt_ sperai, speraşi, speră, sperarăm, sperarăți, sperară _plu_ sperasem, speraseși, sperase, speraserăm, speraserăți, speraseră • **sub** _pre_ să sper, să speri, să spere, să sperăm, să sperați, să spere • **imp** _aff_ -, speră, -, -, sperați, - _neg_ -, nu spera, -, -, nu sperați, - • **inf** a spera • **ger** sperând • **pp** sperat

speria /scare, frighten/ • **ind** _pre_ sperii, sperii, sperie, speriem, speriați, sperie _imp_ speriam, speriai, speria, speriam, speriați, speriau _prt_ speriai, speriași, sperie, speriarăm, speriarăți, speriară _plu_ speriasem, speriaseși, speriase, speriaserăm, speriaserăți, speriaseră • **sub** *pre* să sperii, să sperii, să sperie, să speriem, să speriați, să sperie • **imp** *aff* -, sperie, -, -, speriați, - *neg* -, nu speria, -, -, nu speriați, - • **inf** a speria • **ger** speriind • **pp** speriat

spori /advance, make progress/headway/ • **ind** *pre* sporesc, sporești, sporește, sporim, sporiți, sporesc *imp* spoream, sporeai, sporea, spoream, sporeați, sporeau *prt* sporii, sporiși, spori, sporirăm, sporirăți, sporiră *plu* sporisem, sporiseși, sporise, sporiserăm, sporiserăți, sporiseră • **sub** *pre* să soresc, să sporești, să sporească, să sporim, să sporiți, să sporească • **imp** *aff* -, sporește, -, -, sporiți, - *neg* -, nu spori, -, -, nu sporiți, - • **inf** a spori • **ger** sporind • **pp** sporit

spulbera /dispel, dissipate/ • **ind** *pre* spulber, spulberi, spulberă, spulberăm, spulberați, spulberă *imp* spulberam, spulberai, spulbera, spulberam, spulberați, spulberau *prt* spulberai, spulberași, spulberă, spulberarăm, spulberarăți, spulberară *plu* spulberasem, spulberaseși, spulberase, spulberaserăm, spulberaserăți, spulberaseră • **sub** *pre* să spulber, să spulberi, să spulbere, să spulberăm, să spulberați, să spulbere • **imp** *aff* -, spulberă, -, -, spulberați, - *neg* -, nu spulbera, -, -, nu spulberați, - • **inf** a spulbera • **ger** spulberând • **pp** spulberat

spuma /foam, froth/ • **ind** *pre* spumez, spumezi, spumează, spumăm, spumați, spumează *imp* spumam, spumai, spuma, spumam, spumați, spumau *prt* spumai, spumași, spumă, spumarăm, spumarăți, spumară *plu* spumasem, spumaseși, spumase, spumaserăm, spumaserăți, spumaseră • **sub** *pre* să spumez, să spumezi, să spumeze, să spumăm, să spumați, să spumeze • **imp** *aff* -, spumează, -, -, spumați, - *neg* -, nu spuma, -, -, nu spumați, - • **inf** a spuma • **ger** spumând • **pp** spumat

spune /say, tell/ • **ind** *pre* spun, spui, spune, spunem, spuneți, spun *imp* spuneam, spuneai, spunea, spuneam, spuneați, spuneau *prt* spusei, spuseși, spuse, spuserăm, spuserăți, spuseră *plu* spusesem, spuseseși, spusese, spuseserăm, spuseserăți, spuseseră • **sub** *pre* să spun, să spui, să spună, să spunem, să spuneți, să spună • **imp** *aff* -, spune, -, -, spuneți, - *neg* -, nu spune, -, -, nu spuneți, - • **inf** a spune • **ger** spunând • **pp** spus

sta /stay, stand/ • **ind** *pre* stau, stai, stă, stăm, stați, stau *imp* stăteam, stăteai, stătea, stăteam, stăteați, stăteau *prt* stătui, stătuși, stătu, stăturăm, stăturăți, stătură *plu* stătusem, stătuseși, stătuse, stătuserăm, stătuserăți, stătuseră • **sub** *pre* să stau, să stai, să stea, să stăm, să stați, să stea • **imp** *aff* -, stai, -, -, stați, - *neg* -, nu sta, -, -, nu stați, - • **inf** a sta • **ger** stând • **pp** stat

stabili /establish, determine/ • **ind** *pre* stabilesc, stabilești, stabilește, stabilim, stabiliți, stabilesc *imp* stabileam, stabileai, stabilea, stabileam, stabileați, stabileau *prt* stabilii, stabiliși, stabili, stabilirăm, stabilirăți, stabiliră *plu* stabilisem, stabiliseși, stabilise, stabiliserăm, stabiliserăți, stabiliseră • **sub** *pre* să stabilesc, să stabilești, să stabilească, să stabilim, să stabiliți, să stabilească • **imp** *aff* -, stabilește, -, -, stabiliți, - *neg* -, nu stabili, -, -, nu stabiliți, - • **inf** a stabili • **ger** stabilind • **pp** stabilit

stima /esteem, respect/ • **ind** *pre* stimez, stimezi, stimează, stimăm, stimați, stimează *imp* stimam, stimai, stima, stimam, stimați, stimau *prt* stimai, stimași, stimă, stimarăm, stimarăți, stimară *plu* stimasem, stimaseși, stimase, stimaserăm, stimaserăți, stimaseră • **sub** *pre* să stimez, să stimezi, să stimeze, să stimăm, să stimați, să stimeze • **imp** *aff* -, stimează, -, -, stimați, - *neg* -, nu stima, -, -, nu stimați, - • **inf** a stima • **ger** stimând • **pp** stimat

stimula /stimulate, encourage/ • **ind** *pre* stimulez, stimulezi, stimulează, stimulăm, stimulați, stimulează *imp* stimulam, stimulai, stimula, stimulam, stimulați, stimulau *prt* stimulai, stimulași, stimulă, stimularăm, stimularăți, stimulară *plu* stimulasem, stimulaseși, stimulase, stimulaserăm, stimulaserăți, stimulaseră • **sub** *pre* să stimulez, să stimulezi, să stimuleze, să stimulăm, să stimulați, să stimuleze • **imp** *aff* -, stimulează, -, -, stimulați, - *neg* -, nu stimula, -, -, nu stimulați, - • **inf** a stimula • **ger** stimulând • **pp** stimulat

stinge /turn off, put out/ • **ind** *pre* sting, stingi, stinge, stingem, stingeți, sting *imp* stingeam, stingeai, stingea, stingeam, stingeați, stingeau *prt* stinsei, stinseși, stinse, stinserăm, stinserăți, stinseră *plu* stinsesem, stinseseși, stinsese, stinseserăm, stinseserăți, stinseseră • **sub** *pre* să sting, să stingi, să stingă, să stingem, să stingeți, să stingă • **imp** *aff* -, stinge, -, -, stingeți, - *neg* -, nu stinge, -, -, nu stingeți, - • **inf** a stinge • **ger** stingând • **pp** stins

stoarce /squeeze, wring/ • ind *pre* storc, storci, stoarce, stoarcem, stoarceți, storc *imp* storceam, storceai, storcea, storceam, storceați, storceau *prt* storsei, storseși, stoarse, stoarserăm, stoarserăți, stoarseră *plu* storsesem, storseseși, storsese, storseserăm, storseserăți, storseseră • sub *pre* să storc, să storci, să stoarcă, să stoarcem, să stoarceți, să stoarcă • imp *aff* -, stoarce, -, -, stoarceți, - *neg* -, nu stoarce, -, -, nu stoarceți, - • inf a stoarce • ger storcând • pp stors

strecura /strain, filter/ • ind *pre* strecor, strecori, strecoară, strecurăm, strecurați, strecoară *imp* strecuram, strecurai, strecura, strecuram, strecurați, strecurau *prt* strecurai, strecurași, strecură, strecurarăm, strecurarăți, strecurară *plu* strecurasem, strecuraseși, strecurase, strecuraserăm, strecuraserăți, strecuraseră • sub *pre* să strecor, să strecori, să strecoare, să strecurăm, să strecurați, să strecoare • imp *aff* -, strecoară, -, -, strecurați, - *neg* -, nu strecura, -, -, nu strecurați, - • inf a strecura • ger strecurând • pp strecurat

strica /spoil, ruin/ • ind *pre* stric, strici, strică, stricăm, stricați, strică *imp* stricam, stricai, strica, stricam, stricați, stricau *prt* stricai, stricași, strică, stricarăm, stricarăți, stricară *plu* stricasem, stricaseși, stricase, stricaserăm, stricaserăți, stricaseră • sub *pre* să stric, să strici, să strice, să stricăm, să stricați, să strice • imp *aff* -, strică, -, -, stricați, - *neg* -, nu strica, -, -, nu stricați, - • inf a strica • ger stricând • pp stricat

striga /call, shout/ • ind *pre* strig, strigi, strigă, strigăm, strigați, strigă *imp* strigam, strigai, striga, strigam, strigați, strigau *prt* strigai, strigași, strigă, strigarăm, strigarăți, strigară *plu* strigasem, strigaseși, strigase, strigaserăm, strigaserăți, strigaseră • sub *pre* să strig, să strigi, să strige, să strigăm, să strigați, să strige • imp *aff* -, strigă, -, -, strigați, - *neg* -, nu striga, -, -, nu strigați, - • inf a striga • ger strigând • pp strigat

stropi /water, spray/ • ind *pre* stropesc, stropești, stropește, stropim, stropiți, stropesc *imp* stropeam, stropeai, stropea, stropeam, stropeați, stropeau *prt* stropii, stropiși, stropi, stropirăm, stropirăți, stropiră *plu* stropisem, stropiseși, stropise, stropiserăm, stropiserăți, stropiseră • sub *pre* să stropesc, să stropești, să stropească, să stropim, să stropiți, să stropească • imp *aff* -, stropește, -, -, stropiți, - *neg* -, nu stropi, -, -, nu stropiți, - • inf a stropi • ger stropind • pp stropit

studia /study/ • **ind** *pre* studiez, studiezi, studiază, studiem, studiați, studiază *imp* studiam, studiai, studia, studiam, studiați, studiau *prt* studiai, studiași, studie, studiarăm, studiarăți, studiară *plu* studiasem, studiaseși, studiase, studiaserăm, studiaserăți, studiaseră • **sub** *pre* să studiez, să studiezi, să studieze, să studiem, să studiați, să studieze • **imp** *aff* -, studiază, -, -, studiați, - *neg* -, nu studia, -, -, nu studiați, - • **inf** a studia • **ger** studiind • **pp** studiat

sufla /blow, blow out/ • **ind** *pre* suflu, sufli, suflă, suflăm, suflați, suflă *imp* suflam, suflai, sufla, suflam, suflați, suflau *prt* suflai, suflași, suflă, suflarăm, suflarăți, suflară *plu* suflasem, suflaseși, suflase, suflaserăm, suflaserăți, suflaseră • **sub** *pre* să suflu, să sufli, să sufle, să suflăm, să suflați, să sufle • **imp** *aff* -, suflă, -, -, suflați, - *neg* -, nu sufla, -, -, nu suflați, - • **inf** a sufla • **ger** suflând • **pp** suflat

sufoca /suffocate, choke/ • **ind** *pre* sufoc, sufoci, sufocă, sufocăm, sufocați, sufocă *imp* sufocam, sufocai, sufoca, sufocam, sufocați, sufocau *prt* sufocai, sufocași, sufocă, sufocarăm, sufocarăți, sufocară *plu* sufocasem, sufocaseși, sufocase, sufocaserăm, sufocaserăți, sufocaseră • **sub** *pre* să sufoc, să sufoci, să sufoce, să sufocăm, să sufocați, să sufoce • **imp** *aff* -, sufocă, -, -, sufocați, - *neg* -, nu sufoca, -, -, nu sufocați, - • **inf** a sufoca • **ger** sufocând • **pp** sufocat

sui /get in, mount/ • **ind** *pre* sui, sui, suie, suim, suiți, suie *imp* suiam, suiai, suia, suiam, suiați, suiau *prt* suii, suiși, sui, suirăm, suirăți, suiră *plu* suisem, suiseși, suise, suiserăm, suiserăți, suiseră • **sub** *pre* să sui, să sui, să suie, să suim, să suiți, să suie • **imp** *aff* -, suie, -, -, suiți, - *neg* -, nu sui, -, -, nu suiți, - • **inf** a sui • **ger** suind • **pp** suit

suna /sound, ring/ • **ind** *pre* sun, suni, sună, sunăm, sunați, sună *imp* sunam, sunai, suna, sunam, sunați, sunau *prt* sunai, sunași, sună, sunarăm, sunarăți, sunară *plu* sunasem, sunaseși, sunase, sunaserăm, sunaserăți, sunaseră • **sub** *pre* să sun, să suni, să sune, să sunăm, să sunați, să sune • **imp** *aff* -, sună, -, -, sunați, - *neg* -, nu suna, -, -, nu sunați, - • **inf** a suna • **ger** sunând • **pp** sunat

supraveghea /supervise, oversee/ • **ind** *pre* supraveghez, supraveghezi, supraveghează, supraveghem, supravegheați, supraveghează *imp* supravegheam, supravegheai, supraveghea, supravegheam, supravegheați, supravegheau *prt* supravegheai, supravegheași, supraveghe, supraveghearăm, supraveghearăți, supravegheară *plu* supravegheasem, supravegheaseși, supragheghease, supravegheaserăm, supravegheaserăți, supravegheaseră • **sub** *pre* să supraveghez, să supraveghezi, să supravegheze, să supraveghem, să supravegheați, să supravegheze • **imp** *aff* -, supraveghează, -, -, supravegheați, - *neg* -, nu supraveghea, -, -, nu supravegheați, - • **inf** a supraveghea • **ger** supraveghind • **pp** supravegheat

supune /subject to, subdue/ • **ind** *pre* supun, supui, supune, supunem, supuneți, supun *imp* supuneam, supuneai, supunea, supuneam, supuneați, supuneau *prt* supusei, supuseși, supuse, supuserăm, supuserăți, supuseră *plu* supusesem, supuseseși, supusese, supuseserăm, supuseserăți, supuseseră • **sub** *pre* să supun, să supui, să supună, să supunem, să supuneți, să supună • **imp** *aff* -, supune, -, -, supuneți, - *neg* -, nu supune, -, -, nu supuneți, - • **inf** a supune • **ger** supunând • **pp** supus

surprinde /surprise/ • **ind** *pre* surprind, surprinzi, surprinde, surprindem, surprindeți, surprind *imp* surprindeam, surprindeai, surprindea, surprindeam, surprindeați, surprindeau *prt* surprinsei, surprinseși, surprinse, surprinserăm, surprinserăți, surprinseră *plu* surprinsesem, surprinseseși, surprinsese, surprinseserăm, surprinseserăți, surprinseseră • **sub** *pre* să surprind, să surprinzi, să surprindă, să surprindem, să surprindeți, să surprindă • **imp** *aff* -, surprinde, -, -, surprindeți, - *neg* -, nu surprinde, -, -, nu surprindeți, - • **inf** a surprinde • **ger** surprinzând • **pp** surprins

T

teme /fear/ • **ind** *pre* tem, temi, teme, temem, temeți, tem *imp* temeam, temeai, temea, temeam, temeați, temeau *prt* temui, temuși, temu, temurăm, temurăți, temură *plu* temusem, temuseși, temuse, temuserăm, temuserăți, temuseră • **sub** *pre* să tem, să temi, să teamă, să temem, să temeți, să teamă • **imp** *aff* -, teme, -, -, temeți, - *neg* -, nu teme, -, -, nu temeți, - • **inf** a teme • **ger** temând • **pp** temut

tenta /tempt/ • **ind** _pre_ tentez, tentezi, tentează, tentăm, tentați, tentează _imp_ tentam, tentai, tenta, tentam, tentați, tentau _prt_ tentai, tentași, tentă, tentarăm, tentarăți, tentară _plu_ tentasem, tentaseși, tentase, tentaserăm, tentaserăți, tentaseră • **sub** _pre_ să tentez, să tentezi, să tenteze, să tentăm, să tentați, să tenteze • **imp** _aff_ -, tentează, -, -, tentați, - _neg_ -, nu tenta, -, -, nu tentați, - • **inf** a tenta • **ger** tentând • **pp** tentat

termina /finish/ • **ind** _pre_ termin, termini, termină, terminăm, terminați, termină _imp_ terminam, terminai, termina, terminam, terminați, terminau _prt_ terminai, terminași, termină, terminarăm, terminarăți, terminară _plu_ terminasem, terminaseși, terminase, terminaserăm, terminaserăți, terminaseră • **sub** _pre_ să termin, să termini, să termine, să terminăm, să terminați, să termine • **imp** _aff_ -, termină, -, -, terminați, - _neg_ -, nu termina, -, -, nu terminați, - • **inf** a termina • **ger** terminând • **pp** terminat

tinde /stretch, extend/ • **ind** _pre_ tind, tinzi, tinde, tindem, tindeți, tind _imp_ tindeam, tindeai, tindea, tindeam, tindeați, tindeau _prt_ tinsei, tinseși, tinse, tinserăm, tinserăți, tinseră _plu_ tinsesem, tinseseși, tinsese, tinseserăm, tinseserăți, tinseseră • **sub** _pre_ să tind, să tinzi, să tindă, să tindem, să tindeți, să tindă • **imp** _aff_ -, tinde, -, -, tindeți, - _neg_ -, nu tinde, -, -, nu tindeți, - • **inf** a tinde • **ger** tinzând • **pp** tins

toarce /spin/ • **ind** _pre_ torc, torci, toarce, toarcem, toarceți, torc _imp_ torceam, torceai, torcea, torceam, torceați, torceau _prt_ torsei, torseși, toarse, toarserăm, toarserăți, toarseră _plu_ torsesem, torseseși, torsese, torseserăm, torseserăți, torseseră • **sub** _pre_ să torc, să torci, să toarcă, să toarcem, să toarceți, să toarcă • **imp** _aff_ -, toarce, -, -, toarceți, - _neg_ -, nu toarce, -, -, nu toarceți, - • **inf** a toarce • **ger** torcând • **pp** tors

topi /melt/ • **ind** _pre_ topesc, topești, topește, topim, topiți, topesc _imp_ topeam, topeai, topea, topeam, topeați, topeau _prt_ topii, topiși, topi, topirăm, topirăți, topiră _plu_ topisem, topiseși, topise, topiserăm, topiserăți, topiseră • **sub** _pre_ să topesc, să topești, să topească, să topim, să topiți, să topească • **imp** _aff_ -, topește, -, -, topiți, - _neg_ -, nu topi, -, -, nu topiți, - • **inf** a topi • **ger** topind • **pp** topit

traduce /translate/ • **ind** *pre* traduc, traduci, traduce, traducem, traduceți, traduc *imp* traduceam, traduceai, traducea, traduceam, traduceați, traduceau *prt* tradusei, tradusești, traduse, traduserăm, traduserăți, tradusera *plu* tradusesem, tradusesești, tradusese, traduseserăm, traduseserăți, traduseseră • **sub** *pre* să traduc, să traduci, să traducă, să traducem, să traduceți, să traducă • **imp** *aff* -, tradu, -, -, traduceți, - *neg* -, nu traduce, -, -, nu traduceți, - • **inf** a traduce • **ger** traducând • **pp** tradus

trage /pull, draw/ • **ind** *pre* trag, tragi, trage, tragem, trageți, trag *imp* trageam, trageai, tragea, trageam, trageați, trageau *prt* trasei, trasesi, trase, traserăm, traserăți, traseră *plu* trasesem, trasesesi, trasese, traseserăm, traseserăți, traseseră • **sub** *pre* să trag, să tragi, să tragă, să tragem, să trageți, să tragă • **imp** *aff* -, trage, -, -, trageți, - *neg* -, nu trage, -, -, nu trageți, - • **inf** a trage • **ger** trăgând • **pp** tras

transforma /transform/ • **ind** *pre* transform, transformi, transformă, transformăm, transformați, transformă *imp* transformam, transformai, transforma, transformam, transformați, transformau *prt* transformai, transformași, transformă, transformarăm, transformarăți, transformară *plu* transformasem, transformasesi, transformase, transformaserăm, transformaserăți, transformaseră • **sub** *pre* să transform, să transformi, să transforme, să transformăm, să transformați, să transforme • **imp** *aff* -, transformă, -, -, transformați, - *neg* -, nu transforma, -, -, nu transformați, - • **inf** a transforma • **ger** transformând • **pp** transformat

transpira /sweat, perspire/ • **ind** *pre* transpir, transpiri, transpiră, transpirăm, transpirați, transpiră *imp* transpiram, transpirai, transpira, transpiram, transpirați, transpirau *prt* transpirai, transpirași, transpiră, transpirarăm, transpirarăți, transpirară *plu* transpirasem, transpirasesi, transpirase, transpiraserăm, transpiraserăți, transpiraseră • **sub** *pre* să transpir, să transpiri, să transpire, să transpirăm, să transpirați, să transpire • **imp** *aff* -, transpiră, -, -, transpirați, - *neg* -, nu transpira, -, -, nu transpirați, - • **inf** a transpira • **ger** transpirând • **pp** transpirat

trata /treat, discuss/ • **ind** *pre* tratez, tratezi, tratează, tratăm, tratați, tratează *imp* tratam, tratai, trata, tratam, tratați, tratau *prt* tratai, trataşi, trată, tratarăm, tratarăţi, tratară *plu* tratasem, trataseşi, tratase, trataserăm, trataserăţi, trataseră • **sub** *pre* să tratez, să tratezi, să trateze, să tratăm, să trataţi, să trateze • **imp** *aff* -, tratează, -, -, trataţi, - *neg* -, nu trata, -, -, nu trataţi, - • **inf** a trata • **ger** tratând • **pp** tratat

traversa /cross/ • **ind** *pre* traversez, traversezi, traversează, traversăm, traversaţi, traversează *imp* traversam, traversai, traversa, traversam, traversaţi, traversau *prt* traversai, traversaşi, traversă, traversarăm, traversarăţi, traversară *plu* traversasem, traversaseşi, traversase, traversaserăm, traversaserăţi, traversaseră • **sub** *pre* să traversez, să traversezi, să traverseze, să traversăm, să traversaţi, să traverseze • **imp** *aff* -, traversează, -, -, traversaţi, - *neg* -, nu traversa, -, -, nu traversaţi, - • **inf** a traversa • **ger** traversând • **pp** traversat

trăi /live/ • **ind** *pre* trăiesc, trăieşti, trăieşte, trăim, trăiţi, trăiesc *imp* trăiam, trăiai, trăia, trăiam, trăiaţi, trăiau *prt* trăii, trăişi, trăi, trăirăm, trăirăţi, trăiră *plu* trăisem, trăiseşi, trăise, trăiserăm, trăiserăţi, trăiseră • **sub** *pre* să trăiesc, să trăieşti, să trăiască, să trăim, să trăiţi, să trăiască • **imp** *aff* -, trăieşte, -, -, trăiţi, - *neg* -, nu trăi, -, -, nu trăiţi, - • **inf** a trăi • **ger** trăind • **pp** trăit

trebui /be necessary/ • **ind** *pre* trebui, trebui, trebuie, trebuim, trebuiţi, trebuie *imp* trebuiam, trebuiai, trebuia, trebuiam, trebuiaţi, trebuiau *prt* trebuii, trebuişi, trebui, trebuirăm, trebuirăţi, trebuiră *plu* trebuisem, trebuiseşi, trebuise, trebuiserăm, trebuiserăţi, trebuiseră • **sub** *pre* să trebui, să trebui, să trebuie, să trebuim, să trebuiţi, să trebuie • **imp** *aff* -, trebuie, -, -, trebuiţi, - *neg* -, nu trebui, -, -, nu trebuiţi, - • **inf** a trebui • **ger** trebuind • **pp** trebuit

trece /pass, occur/ • **ind** *pre* trec, treci, trece, trecem, treceţi, trec *imp* treceam, treceai, trecea, treceam, treceaţi, treceau *prt* trecui, trecuşi, trecu, trecurăm, trecurăţi, trecură *plu* trecusem, trecuseşi, trecuse, trecuserăm, trecuserăţi, trecuseră • **sub** *pre* să trec, să treci, să treacă, să trecem, să treceţi, să treacă • **imp** *aff* -, trece, -, -, treceţi, - *neg* -, nu trece, -, -, nu treceţi, - • **inf** a trece • **ger** trecând • **pp** trecut

tremura /tremble, shake/ • **ind** *pre* tremur, tremuri, tremură, tremurăm, tremuraţi, tremură *imp* tremuram, tremurai, tremura, tremuram, tremurați, tremurau *prt* tremurai, tremurași, tremură, tremurarăm, tremurarăți, tremurară *plu* tremurasem, tremuraseși, tremurase, tremuraserăm, tremuraserăți, tremuraseră • **sub** *pre* să tremur, să tremuri, să tremure, să tremurăm, să tremurați, să tremure • **imp** *aff* -, tremură, -, -, tremurați, - *neg* -, nu tremura, -, -, nu tremurați, - • **inf** a tremura • **ger** tremurând • **pp** tremurat

trezi /get up, wake up/ • **ind** *pre* trezesc, trezești, trezește, trezim, treziți, trezesc *imp* trezeam, trezeai, trezea, trezeam, trezeați, trezeau *prt* trezii, treziși, trezi, trezirăm, trezirăți, treziră *plu* trezisem, treziseși, trezise, treziserăm, treziserăți, treziseră • **sub** *pre* să trezesc, să trezești, să trezească, să trezim, să treziți, să trezească • **imp** *aff* -, trezește, -, -, treziți, - *neg* -, nu trezi, -, -, nu treziți, - • **inf** a trezi • **ger** trezind • **pp** trezit

trimite /send/ • **ind** *pre* trimit, trimiți, trimite, trimitem, trimiteți, trimit *imp* trimiteam, trimiteai, trimitea, trimiteam, trimiteați, trimiteau *prt* trimisei, trimiseși, trimise, trimiserăm, trimiserăți, trimiseră *plu* trimisesem, trimiseseși, trimisese, trimiseserăm, trimiseserăți, trimiseseră • **sub** *pre* să trimit, să trimiți, să trimită, să trimitem, să trimiteți, să trimită • **imp** *aff* -, trimite, -, -, trimiteți, - *neg* -, nu trimite, -, -, nu trimiteți, - • **inf** a trimite • **ger** trimițând • **pp** trimis

tulbura /upset, agitate/ • **ind** *pre* tulbur, tulburi, tulbură, tulburăm, tulburați, tulbură *imp* tulburam, tulburai, tulbura, tulburam, tulburați, tulburau *prt* tulburai, tulburași, tulbură, tulburarăm, tulburarăți, tulburară *plu* tulburasem, tulburaseși, tulburase, tulburaserăm, tulburaserăți, tulburaseră • **sub** *pre* să tulbur, să tulburi, să tulbure, să tulburăm, să tulburați, să tulbure • **imp** *aff* -, tulbură, -, -, tulburați, - *neg* -, nu tulbura, -, -, nu tulburați, - • **inf** a tulbura • **ger** tulburând • **pp** tulburat

tunde /crop, shear/ • **ind** *pre* tund, tunzi, tunde, tundem, tundeți, tund *imp* tundeam, tundeai, tundea, tundeam, tundeați, tundeau *prt* tunsei, tunseși, tunse, tunserăm, tunserăți, tunseră *plu* tunsesem, tunseseși, tunsese, tunseserăm, tunseserăți, tunseseră • **sub** *pre* să tund, să tunzi, să tundă, să tundem, să tundeți, să tundă • **imp** *aff* -, tunde, -, -, tundeți, - *neg* -, nu tunde, -, -, nu tundeți, - • **inf** a tunde • **ger** tunzând • **pp** tuns

turna /pour, shape/ • **ind** *pre* torn, torni, toarnă, turnăm, turnați, torn *imp* turnam, turnai, turna, turnam, turnați, turnau *prt* turnai, turnași, turnă, turnarăm, turnarăți, turnară *plu* turnasem, turnaseși, turnase, turnaserăm, turnaserăți, turnaseră • **sub** *pre* să torn, să torni, să toarne, să turnăm, să turnați, să toarne • **imp** *aff* -, toarnă, -, -, turnați, - *neg* -, nu turna, -, -, nu turnați, - • **inf** a turna • **ger** turnând • **pp** turnat

U

ucide /murder, kill/ • **ind** *pre* ucid, ucizi, ucide, ucidem, ucideți, ucid *imp* ucideam, ucideai, ucidea, ucideam, ucideați, ucideau *prt* ucisei, uciseși, ucise, uciserăm, uciserăți, uciseră *plu* ucisesem, uciseseși, ucisese, uciseserăm, uciseserăți, uciseseră • **sub** *pre* să ucid, să ucizi, să ucidă, să ucidem, să ucideți, să ucidă • **imp** *aff* -, ucide, -, -, ucideți, - *neg* -, nu ucide, -, -, nu ucideți, - • **inf** a ucide • **ger** ucigând • **pp** ucis

uimi /amaze, astound/ • **ind** *pre* uimesc, uimești, uimește, uimim, uimiți, uimesc *imp* uimeam, uimeai, uimea, uimeam, uimeați, uimeau *prt* uimii, uimiși, uimi, uimirăm, uimirăți, uimiră *plu* uimisem, uimiseși, uimise, uimiserăm, uimiserăți, uimiseră • **sub** *pre* să uimesc, să uimești, să uimească, să uimim, să uimiți, să uimească • **imp** *aff* -, uimește, -, -, uimiți, - *neg* -, nu uimi, -, -, nu uimiți, - • **inf** a uimi • **ger** uimind • **pp** uimit

uita /forget, look/ • **ind** *pre* uit, uiți, uită, uităm, uitați, uită *imp* uitam, uitai, uita, uitam, uitați, uitau *prt* uitai, uitași, uită, uitarăm, uitarăți, uitară *plu* uitasem, uitaseși, uitase, uitaserăm, uitaserăți, uitaseră • **sub** *pre* să uit, să uiți, să uite, să uităm, să uitați, să uite • **imp** *aff* -, uită, -, -, uitați, - *neg* -, nu uita, -, -, nu uitați, - • **inf** a uita • **ger** uitând • **pp** uitat

umbla /walk around, wander/ • **ind** *pre* umblu, umbli, umblă, umblăm, umblați, umblă *imp* umblam, umblai, umbla, umblam, umblați, umblau *prt* umblai, umblași, umblă, umblarăm, umblarăți, umblară *plu* umblasem, umblaseși, umblase, umblaserăm, umblaserăți, umblaseră • **sub** *pre* să umblu, să umbli, să umble, să umblăm, să umblați, să umble • **imp** *aff* -, umblă, -, -, umblaţi, - _neg_ -, nu umbla, -, -, nu umblaţi, - • **inf** a umbla • **ger** umblând • **pp** umblat

umfla /inflate, swell/ • **ind** _pre_ umflu, umfli, umflă, umflăm, umflaţi, umflă _imp_ umflam, umflai, umfla, umflam, umflaţi, umflau _prt_ umflai, umflaşi, umflă, umflarăm, umflarăţi, umflară _plu_ umflasem, umflaseşi, umflase, umflaserăm, umflaserăţi, umflaseră • **sub** _pre_ să umflu, să umfli, să umfle, să umflăm, să umflaţi, să umfle • **imp** _aff_ -, umflă, -, -, umflaţi, - _neg_ -, nu umfla, -, -, nu umflaţi, - • **inf** a umfla • **ger** umflând • **pp** umflat

umili /humiliate, be in a humiliating situation/ • **ind** _pre_ umilesc, umileşti, umileşte, umilim, umiliţi, umilesc _imp_ umileam, umileai, umilea, umileam, umileaţi, umileau _prt_ umilii, umilişi, umili, umilirăm, umilirăţi, umiliră _plu_ umilisem, umiliseşi, umilise, umiliserăm, umiliserăţi, umiliseră • **sub** _pre_ să umilesc, să umileşti, să umilească, să umilim, să umiliţi, să umilească • **imp** _aff_ -, umileşte, -, -, umiliţi, - _neg_ -, nu umili, -, -, nu umiliţi, - • **inf** a umili • **ger** umilind • **pp** umilit

umple /fill, fill up/ • **ind** _pre_ umplu, umpli, umple, umplem, umpleţi, umplu _imp_ umpleam, umpleai, umplea, umpleam, umpleaţi, umpleau _prt_ umplui, umpluşi, umplu, umplurăm, umplurăţi, umplură _plu_ umplusem, umpluseşi, umpluse, umpluserăm, umpluserăţi, umplusera • **sub** _pre_ să umplu, să umpli, să umple, să umplem, să umpleţi, să umple • **imp** _aff_ -, umple, -, -, umpleţi, - _neg_ -, nu umple, -, -, nu umpleţi, - • **inf** a umple • **ger** umplând • **pp** umplut

unge /smear, rub in/ • **ind** _pre_ ung, ungi, unge, ungem, ungeţi, ung _imp_ ungeam, ungeai, ungea, ungeam, ungeaţi, ungeau _prt_ unsei, unseşi, unse, unserăm, unserăţi, unseră _plu_ unsesem, unseseşi, unsese, unseserăm, unseserăţi, unseseră • **sub** _pre_ să ung, să ungi, să ungă, să ungem, să ungeţi, să ungă • **imp** _aff_ -, unge, -, -, ungeţi, - _neg_ -, nu unge, -, -, nu ungeţi, - • **inf** a unge • **ger** ungând • **pp** uns

uni /unite, merge/ • **ind** _pre_ unesc, uneşti, uneşte, unim, uniţi, unesc _imp_ uneam, uneai, unea, uneam, uneaţi, uneau _prt_ unii, unişi, uni, unirăm, unirăţi, uniră _plu_ unisem, uniseşi, unise, uniserăm, uniserăţi, uniseră • **sub** _pre_ să unesc, să uneşti, să unească, să unim, să uniţi, să unească • **imp** _aff_ -, uneşte, -, -, uniți, - *neg* -, nu uni, -, -, nu uniți, - • **inf** a uni • **ger** unind • **pp** unit

urca /climb, ascend/ • **ind** *pre* urc, urci, urcă, urcăm, urcați, urcă *imp* urcam, urcai, urca, urcam, urcați, urcau *prt* urcai, urcași, urcă, urcarăm, urcarăți, urcară *plu* urcasem, urcaseși, urcase, urcaserăm, urcaserăți, urcaseră • **sub** *pre* să urc, să urci, să urce, să urcăm, să urcați, să urce • **imp** *aff* -, urcă, -, -, urcați, - *neg* -, nu urca, -, -, nu urcați, - • **inf** a urca • **ger** urcând • **pp** urcat

urla /yell, roar/ • **ind** *pre* urlu, urli, urlă, urlăm, urlați, urlă *imp* urlam, urlai, urla, urlam, urlați, urlau *prt* urlai, urlași, urlă, urlarăm, urlarăți, urlară *plu* urlasem, urlaseși, urlase, urlaserăm, urlaserăți, urlaseră • **sub** *pre* să urlu, să urli, să urle, să urlăm, să urlați, să urle • **imp** *aff* -, urlă, -, -, urlați, - *neg* -, nu urla, -, -, nu urlați, - • **inf** a urla • **ger** urlând • **pp** urlat

urma /follow/ • **ind** *pre* urmez, urmezi, urmează, urmăm, urmați, urmează *imp* urmam, urmai, urma, urmam, urmați, urmau *prt* urmai, urmași, urmă, urmarăm, urmarăți, urmară *plu* urmasem, urmaseși, urmase, urmaserăm, urmaserăți, urmaseră • **sub** *pre* să urmez, să urmezi, să urmeze, să urmăm, să urmați, să urmeze • **imp** *aff* -, urmează, -, -, urmați, - *neg* -, nu urma, -, -, nu urmați, - • **inf** a urma • **ger** urmând • **pp** urmat

usca /dry/ • **ind** *pre* usuc, usuci, usucă, uscăm, uscați, usucă *imp* uscam, uscai, usca, uscam, uscați, uscau *prt* uscai, uscași, uscă, uscarăm, uscarăți, uscară *plu* uscasem, uscaseși, uscase, uscaserăm, uscaserăți, uscaseră • **sub** *pre* să usuc, să usuci, să usuce, să uscăm, să uscați, să usuce • **imp** *aff* -, usucă, -, -, uscați, - *neg* -, nu usca, -, -, nu uscați, - • **inf** a usca • **ger** uscând • **pp** uscat

utiliza /use, utilize/ • **ind** *pre* utilizez, utilizezi, utilizează, utilizăm, utilizați, utilizează *imp* utilizam, utilizai, utiliza, utilizam, utilizați, utilizau *prt* utilizai, utilizași, utiliză, utilizarăm, utilizarăți, utilizară *plu* utilizasem, utilizaseși, utilizase, utilizaserăm, utilizaserăți, utilizaseră • **sub** *pre* să utilizez, să utilizezi, să utilizeze, să utilizăm, să utilizați, să utilizeze • **imp** *aff* -, utilizează, -, -, utilizați, - *neg* -, nu utiliza, -, -, nu utilizați, - • **inf** a utiliza • **ger** utilizând • **pp** utilizat

V

vedea /see/ • **ind** _pre_ văd, vezi, vede, vedem, vedeți, văd _imp_ vedeam, vedeai, vedea, vedeam, vedeați, vedeau _prt_ văzui, văzuși, văzu, văzurăm, văzurăți, văzură _plu_ văzusem, văzuseși, văzuse, văzuserăm, văzuserăți, văzuseră • **sub** _pre_ să văd, să vezi, să vadă, să vedem, să vedeți, să vadă • **imp** _aff_ -, vezi, -, -, vedeți, - _neg_ -, nu vedea, -, -, nu vedeți, - • **inf** a vedea • **ger** văzând • **pp** văzut

veghea /watch, monitor/ • **ind** _pre_ veghez, veghezi, veghează, veghem, vegheați, veghează _imp_ vegheam, vegheai, veghea, vegheam, vegheați, vegheau _prt_ vegheai, vegheași, veghe, veghearăm, veghearăți, vegheară _plu_ vegheasem, vegheaseși, veghease, vegheaserăm, vegheaserăți, vegheaseră • **sub** _pre_ să veghez, să veghezi, să vegheze, să veghem, să vegheați, să vegheze • **imp** _aff_ -, veghează, -, -, vegheați, - _neg_ -, nu veghea, -, -, nu vegheați, - • **inf** a veghea • **ger** veghind • **pp** vegheat

venera /revere, venerate/ • **ind** _pre_ venerez, venerezi, venerează, venerăm, venerați, venerează _imp_ veneram, venerai, venera, veneram, venerați, venerau _prt_ venerai, venerași, veneră, venerarăm, venerarăți, venerară _plu_ venerasem, veneraseși, venerase, veneraserăm, veneraserăți, veneraseră • **sub** _pre_ să venerez, să venerezi, să venereze, să venerăm, să venerați, să venereze • **imp** _aff_ -, venerează, -, -, venerați, - _neg_ -, nu venera, -, -, nu venerați, - • **inf** a venera • **ger** venerând • **pp** venerat

veni /come/ • **ind** _pre_ vin, vii, vine, venim, veniți, vin _imp_ veneam, veneai, venea, veneam, veneați, veneau _prt_ venii, veniși, veni, venirăm, venirăți, veniră _plu_ venisem, veniseși, venise, veniserăm, veniserăți, veniseră • **sub** _pre_ să vin, să vii, să vină, să venim, să veniți, să vină • **imp** _aff_ -, vino, -, -, veniți, - _neg_ -, nu veni, -, -, nu veniți, - • **inf** a veni • **ger** venind • **pp** venit

vinde /sell/ • **ind** _pre_ vând, vinzi, vinde, vindem, vindeți, vând _imp_ vindeam, vindeai, vindea, vindeam, vindeați, vindeau _prt_ vândui, vânduși, vându, vândurăm, vândurăți, vândură *plu* vândusem, vânduseși, vânduse, vânduserăm, vânduserăți, vândusără • **sub** *pre* să vând, să vinzi, să vândă, să vindem, să vindeți, să vândă • **imp** *aff* -, vinde, -, -, vindeți, - *neg* -, nu vinde, -, -, nu vindeți, - • **inf** a vinde • **ger** vânzând • **pp** vândut

vindeca /heal, cure/ • **ind** *pre* vindec, vindeci, vindecă, vindecăm, vindecați, vindecă *imp* vindecam, vindecai, vindeca, vindecam, vindecați, vindecau *prt* vindecai, vindecași, vindecă, vindecarăm, vindecarăți, vindecară *plu* vindecasem, vindecaseși, vindecase, vindecaserăm, vindecaserăți, vindecaseră • **sub** *pre* să vindec, să vindeci, să vindece, să vindecăm, să vindecați, să vindece • **imp** *aff* -, vindecă, -, -, vindecați, - *neg* -, nu vindeca, -, -, nu vindecați, - • **inf** a vindeca • **ger** vindecând • **pp** vindecat

visa /dream/ • **ind** *pre* visez, visezi, visează, visăm, visați, visează *imp* visam, visai, visa, visam, visați, visau *prt* visai, visași, visă, visarăm, visarăți, visară *plu* visasem, visaseși, visase, visaserăm, visaserăți, visaseră • **sub** *pre* să visez, să visezi, să viseze, să visăm, să visați, să viseze • **imp** *aff* -, visează, -, -, visați, - *neg* -, nu visa, -, -, nu visați, - • **inf** a visa • **ger** visând • **pp** visat

vizita /visit/ • **ind** *pre* vizitez, vizitezi, vizitează, vizităm, vizitați, vizitează *imp* vizitam, vizitai, vizita, vizitam, vizitați, vizitau *prt* vizitai, vizitași, vizită, vizitarăm, vizitarăți, vizitară *plu* vizitasem, vizitaseși, vizitase, vizitaserăm, vizitaserăți, vizitaseră • **sub** *pre* să vizitez, să vizitezi, să viziteze, să vizităm, să vizitați, să viziteze • **imp** *aff* -, vizitează, -, -, vizitați, - *neg* -, nu vizita, -, -, nu vizitați, - • **inf** a vizita • **ger** vizitând • **pp** vizitat

vomita /vomit/ • **ind** *pre* vomit, vomiți, vomită, vomităm, vomitați, vomită *imp* vomitam, vomitai, vomita, vomitam, vomitați, vomitau *prt* vomitai, vomitași, vomită, vomitarăm, vomitarăți, vomitară *plu* vomitasem, vomitaseși, vomitase, vomitaserăm, vomitaserăți, vomitaseră • **sub** *pre* să vomit, să vomiți, să vomite, să vomităm, să vomitați, să vomite • **imp** *aff* -, vomită, -, -, vomitați, - *neg* -, nu vomita, -, -, nu vomitați, - • **inf** a vomita • **ger** vomitând • **pp** vomitat

vopsi /paint, dye/ • **ind** *pre* vopsesc, vopsești, vopsește, vopsim, vopsiți, vopsesc _imp_ vopseam, vopseai, vopsea, vopseam, vopseați, vopseau _prt_ vopsii, vopsiși, vopsi, vopsirăm, vopsirăți, vopsiră _plu_ vopsisem, vopsiseși, vopsise, vopsiserăm, vopsiserăți, vopsiseră • **sub** _pre_ să vopsesc, să vopsești, să vopsească, să vopsim, să vopsiți, să vopsească • **imp** _aff_ -, vopsește, -, -, vopsiți, - _neg_ -, nu vopsi, -, -, nu vopsiți, - • **inf** a vopsi • **ger** vopsind • **pp** vopsit

vorbi /speak, talk/ • **ind** _pre_ vorbesc, vorbești, vorbește, vorbim, vorbiți, vorbesc _imp_ vorbeam, vorbeai, vorbea, vorbeam, vorbeați, vorbeau _prt_ vorbii, vorbiși, vorbi, vorbirăm, vorbirăți, vorbiră _plu_ vorbisem, vorbiseși, vorbise, vorbiserăm, vorbiserăți, vorbiseră • **sub** _pre_ să vorbesc, să vorbești, să vorbească, să vorbim, să vorbiți, să vorbească • **imp** _aff_ -, vorbește, -, -, vorbiți, - _neg_ -, nu vorbi, -, -, nu vorbiți, - • **inf** a vorbi • **ger** vorbind • **pp** vorbit

vrea /want/ • **ind** _pre_ vreau, vrei, vrea, vrem, vreți, vor _imp_ vream, vreai, vrea, vream, vreați, vreau _prt_ vrui, vruși, vruse, vrurăm, vrurăți, vrură _plu_ vrusem, vruseși, vruse, vruserăm, vruserăți, vruseră • **sub** _pre_ să vreau, să vrei, să vrea, să vrem, să vreți, să vrea • **imp** _aff_ -, vrei, -, -, vreți, - _neg_ -, nu vrea, -, -, nu vreți, - • **inf** a vrea • **ger** vrând • **pp** vrut

Z

zbate /struggle, worry/ • **ind** _pre_ zbat, zbați, zbate, zbatem, zbateți, zbat _imp_ zbăteam, zbăteai, zbătea, zbăteam, zbăteați, zbăteau _prt_ zbătui, zbătuși, zbătu, zbăturăm, zbăturăți, zbătură _plu_ zbătusem, zbătuseși, zbătuse, zbătuserăm, zbătuserăți, zbătuseră • **sub** _pre_ să zbat, să zbați, să zbată, să zbatem, să zbateți, să zbată • **imp** _aff_ -, zbate, -, -, zbateți, - _neg_ -, nu zbate, -, -, nu zbateți, - • **inf** a zbate • **ger** zbătând • **pp** zbătut

zbura /fly/ • **ind** _pre_ zbor, zbori, zboară, zburăm, zburați, zboară _imp_ zburam, zburai, zbura, zburam, zburați, zburau _prt_ zburai, zburași, zbură, zburarăm, zburarăți, zburară _plu_ zburasem, zburaseși, zburase, zburaserăm, zburaserăți, zburaseră • **sub** _pre_ să zbor, să zbori, să zboare, să zburăm, să zburați, să zboare • **imp** _aff_ -, zboară, -, -, zburaţi, - _neg_ -, nu zbura, -, -, nu zburaţi, - • **inf** a zbura • **ger** zburând • **pp** zburat

zdrobi /split, break inpieces/ • **ind** _pre_ zdrobesc, zdrobeşti, zdrobeşte, zdrobim, zdrobiţi, zdrobesc _imp_ zdrobeam, zdrobeai, zdrobea, zdrobeam, zdrobeaţi, zdrobeau _prt_ zdrobii, zdrobişi, zdrobi, zdrobirăm, zdrobirăţi, zdrobiră _plu_ zdrobisem, zdrobiseşi, zdrobise, zdrobiserăm, zdrobiserăţi, zdrobiseră • **sub** _pre_ să zdrobesc, să zdrobeşti, să zdrobească, să zdrobim, să zdrobiţi, să zdrobească • **imp** _aff_ -, zdrobeşte, -, -, zdrobiţi, - _neg_ -, nu zdrobi, -, -, nu zdrobiţi, - • **inf** a zdrobi • **ger** zdrobind • **pp** zdrobit

zice /say/ • **ind** _pre_ zic, zici, zice, zicem, ziceţi, zic _imp_ ziceam, ziceai, zicea, ziceam, ziceaţi, ziceau _prt_ zisei, ziseşi, zise, ziserăm, ziserăţi, ziseră _plu_ zisesem, ziseseşi, zisese, ziseserăm, ziseserăţi, ziseseră • **sub** _pre_ să zic, să zici, să zică, să zicem, să ziceţi, să zică • **imp** _aff_ -, zi, -, -, ziceţi, - _neg_ -, nu zice, -, -, nu ziceţi, - • **inf** a zice • **ger** zicând • **pp** zis

Made in the USA
Middletown, DE
10 September 2022